LES
NOBLES CŒURS

SOUVENIRS HISTORIQUES

PAR

Mme ARICIE SAUQUET

TOURS

MAISON ALFRED MAME ET FILS

LES

NOBLES CŒURS

3ᵉ SÉRIE GRAND IN-8°

LARREY

STATUE EN BRONZE PAR DAVID D'ANGERS

LES
NOBLES CŒURS

SOUVENIRS HISTORIQUES

PAR

Mᵐᵉ ARICIE SAUQUET

TOURS
MAISON ALFRED MAME ET FILS

LES
NOBLES CŒURS

WILLBERFORCE

LE GÉNÉREUX DÉFENSEUR DES NÈGRES OPPRIMÉS

Si vous parcourez un jour la brumeuse Angleterre,
mes jeunes lecteurs, tâchez de visiter l'importante ville
de Hull, que nos voisins d'outre-mer désignent plus
généralement par le nom de Kingston (ville du roi),
parce qu'Édouard Ier, un de ses souverains, en jeta les
premiers fondements. Placée dans une position ravis-
sante, au confluent de deux belles rivières, l'Humber et
l'Hull, cette ville devint en peu de temps une cité floris-
sante.

Pendant la période des guerres civiles qui ensanglan-
tèrent le pays, Hull, démentant son origine, se décida
en faveur de Cromwell, à la voix de Fairfax, ennemi de
l'infortuné Charles Ier.

Un siège long et meurtrier amassa ruines sur ruines,
puis des jours plus heureux succédèrent à ces malheureux jours, et Hull put réparer ses pertes. Peu à peu
d'élégantes maisons s'élevèrent dans des quartiers nouveaux, de vastes bassins furent construits, de nombreux
canaux furent creusés, afin d'étendre le commerce de

cette ville maritime, dont la population dépasse de nos jours 90,000 habitants.

Après vous avoir fait visiter les curiosités nombreuses que renferme la ville d'Édouard Ier, entre autres, la citadelle, la belle église gothique de la Trinité, votre cicérone ne manquera pas, soyez-en sûrs, de vous conduire devant une belle statue représentant un homme jeune encore, aux traits pleins de noblesse et d'inspiration, et il vous dira avec un légitime orgueil :

« Voici un bienfaiteur de l'humanité : c'est Willberforce, le généreux adversaire de la traite des noirs ! »

Les noms des héros qui ont bouleversé les empires, porté partout la désolation et la mort, sont restés gravés dans toutes les mémoires, il n'est point permis d'ignorer l'histoire de ces conquérants ambitieux, tandis que trop souvent, en entendant nommer un homme de bien qui a consacré ses veilles, toutes les heures de sa vie à défendre le bonheur, la dignité de ses semblables, on se demande avec surprise qui il était et dans quel temps il a vécu.

Willberforce mérite d'être placé au nombre de ces courageux athlètes qui poursuivirent avec un noble courage une cause sainte, et dont le nom et la vie devraient être connus de tous.

Willberforce naquit en 1759, dans une riante et somptueuse demeure située sur les bords de l'Humber. Son premier cri fit tressaillir d'allégresse la noble famille à qui Dieu l'accordait. Son père était un homme distingué, que sa modestie avait éloigné jusqu'alors des fonctions publiques ; sa mère était renommée dans la contrée par sa sagesse et sa beauté. James Jervys, le jeune et intrépide marin, qui devait plus tard se couvrir de gloire, tint l'heureux enfant sur les fonts baptismaux, en attendant, disait-il, qu'il pût faire donner à son charmant filleul un autre baptême ; mais le père et la mère du nouveau-né faisaient pour lui d'autres vœux.

Tout souriait donc à cet enfant dès son entrée dans la vie ; il naissait dix mois après Nelson, et la même année que William Pitt, fils de lord Chatam, que Willberforce devait rencontrer plus tard et aimer si profondément. Les premières années du jeune William s'écoulèrent doucement au milieu d'une nature riche et belle, au sein d'une famille choisie. Son esprit était captivé, tantôt par les choses admirables que sa mère, dans un pieux enthousiasme, lui disait de Dieu, de sa bonté, de sa justice ; tantôt par les entretiens attrayants, quoique sérieux, de son père et de son oncle maternel, sir Édouard Walpole, dont le parent, Robert, avait été le ministre intelligent et intègre du dernier roi. William prêtait une oreille attentive au récit des événements qui se passaient alors en Angleterre. La grande lutte commencée entre le gouvernement et les colonies d'Amérique préoccupait alors tous les esprits. Trois ministères étaient tombés tour à tour en présence de ces graves difficultés. Le grand William Pitt, dont l'habile administration avait assuré la gloire du dernier règne, avait été rappelé par le jeune George III ; mais, ne pouvant triompher de la persistance de ses collègues, partisans de ces nouveaux impôts que les Américains repoussaient avec énergie, William Pitt venait de se retirer après deux années d'une sage mais inutile opposition.

Quoiqu'il n'eût pas encore atteint les premières années de l'adolescence, William comprenait qu'une grande question était en ce moment soumise à l'opinion des peuples. Sa mère, qui ne négligeait rien pour faire naître dans son âme les sentiments les plus nobles, les plus élevés, lui disait alors :

« C'est l'ambition, la violation des droits, le mépris des traités qui engendrent et qui perpétuent les guerres entre les peuples ; mais c'est du désintéressement, du généreux oubli de soi-même, que naît l'amour de l'humanité. La guerre détruit, l'amour de l'humanité répare et fonde. La guerre arme les uns contre les autres jusqu'aux enfants d'un même pays ; l'amour de l'humanité nous montre des frères partout où se trouvent des êtres créés à l'image de Dieu, quelle que soit la contrée qui les a vus naître, les lois qui les régissent, la religion qui les gouverne. Le bienfaiteur de l'humanité enfin se consacre tout entier à la recherche des moyens de rendre les hommes meilleurs, et par conséquent plus heureux. »

C'était par ces appels continuels aux plus généreuses inspirations que cette mère chrétienne et intelligente fortifiait l'âme de son fils contre les entraînements de l'égoïsme et de l'ambition. Ses sages enseignements portèrent leurs fruits, et une partie de la gloire qu'on a si justement accordée au fils revient à la mère. Mais bientôt un malheur inattendu vint frapper le jeune Willberforce : au moment où la famille réunie fêtait son dix-septième anniversaire, son père, dans toute la force de la jeunesse et de la santé, s'affaissa, frappé d'une attaque d'apoplexie foudroyante.

Cette mort fut considérée dans la ville comme un malheur public ; toute la population de Hull s'associa de cœur au deuil de la famille, et entoura de sa respectueuse sympathie la veuve et l'orphelin.

Lord Willberforce fut descendu au caveau funèbre de ses pères le jour même où arrivait à Londres la nouvelle de la proclamation de l'indépendance des colonies anglaises sous le nom d'États-Unis d'Amérique ; c'était le 4 juillet 1776.

George Willberforce avait prévu ce résultat et s'en était souvent ému. Depuis la seconde retraite de William Pitt, il avait témoigné à son beau-frère et à ses amis toutes ses craintes. « La saine raison s'est retirée de nos conseils, disait-il, et j'ai peur qu'une trop grande confiance en nos succès ne détermine notre perte. »

En vain lui représentait-on que le roi George avait assuré la défaite de l'insurrection en envoyant en Amérique des forces considérables : dans George Washington, Willberforce pressentait un héros.

« Avec un tel patriotisme, on peut faire des miracles », répondait-il à ceux qui lui représentaient que le jeune général en chef de l'Union n'avait, pour soutenir cette lutte formidable, que des ressources insuffisantes et des soldats manquant de tout. A la nouvelle de la prise de Boston, l'honnête citoyen se montra profondément affligé, et sa mort, arrivée dans de telles circonstances, fut attribuée à la douleur que lui avait causée cet événement ; cette mort prématurée privait lady Willberforce du meilleur des époux, et William du plus tendre des pères. Pendant deux années, le jeune lord resta près de sa mère, dont il partageait la retraite sévère. Mais il avait dix-neuf ans, il était l'héritier d'un grand nom, d'une fortune brillante, et son oncle maternel décida qu'il était temps de lui faire prendre place parmi les jeunes gentlemen de son rang. Lady Willberforce comprit que le moment de la séparation était venu ; cette vie calme, mais oisive, ne pouvait, en effet, convenir plus longtemps à une ardente imagination.

William partit pour Londres après avoir reçu les sages conseils de sa mère ; longtemps il y resta fidèle, puis peu à peu il se laissa entraîner aux séductions sans nombre dont il était entouré. Riche, beau, spirituel,

généreux, il devint bientôt le roi de la fashion, dont il
était l'orgueil ; l'idole de la multitude, à laquelle il pro-
diguait son or. Tous les nobles instincts de son cœur
semblaient sommeiller. Une lettre touchante de sa mère
le rappela au sentiment de ses devoirs et de sa dignité ;
il rougit de la vie molle et efféminée qu'il partageait avec
ses compagnons de plaisir, et il se hâta de revenir à Hull,
dans la paisible résidence où tout le reportait vers un
passé honnête. Lady Willberforce reçut avec joie ce
nouvel enfant prodigue, et, comme le père indulgent de
l'Évangile, elle ne lui adressa pas un reproche, elle ne
fit aucune allusion aux torts pour lesquels il montrait
un sincère repentir. Mais son amitié clairvoyante ne
tarda pas à reconnaître les ravages profonds que cette
existence de faux plaisirs avait faits dans l'âme de son
enfant, et bientôt elle découvrit avec effroi les premiers
symptômes de cette maladie cruelle, impitoyable que les
Anglais nomment le spleen. En vain la pauvre mère
s'efforçait-elle de réveiller chez son fils la puissance des
souvenirs heureux de ses jeunes années, elle n'obtenait
plus de lui qu'un sourire doux et triste qui faisait mal
à voir. Il touchait à peine aux mets qu'on lui présentait,
l'insomnie brisait ses forces ; il passait des journées
entières à regarder d'un œil indifférent toutes les
richesses de l'art et de la nature réunies dans le beau
domaine de ses pères.

Lady Willberforce priait et pleurait en secret ; enfin
Dieu vint à son secours. Un jour que, renfermé dans la
bibliothèque, William feuilletait d'un air distrait quelques-uns des nombreux ouvrages laissés par son père,
ses yeux s'arrêtèrent sur les pages d'un livre poudreux
qui portait le titre sombre, étrange, de Code noir : le
Code noir, c'est-à-dire le résumé de ces lois barbares

faites par l'oppresseur contre l'opprimé, par l'homme
blanc contre son semblable, l'homme noir ! Tout ce que
la tyrannie a de plus odieux, tout ce que la cruauté a de
plus révoltant, se trouvait consigné là, autorisé par la
loi, admis par la civilisation. Oui, tout se trouvait là,
depuis la traite odieuse des noirs, cette vente de l'homme
par l'homme, jusqu'aux droits rigoureux, injustes, du
colon sur le nègre, du maître sur l'esclave.

Élevé par des parents compatissants et généreux,
William n'avait jamais arrêté sa pensée sur la persécution inique dont ces malheureux étaient devenus l'objet.
Lady Willberforce avait bien à son service une négresse
du nom de Mita ; mais cette fidèle et dévouée domestique n'avait jamais reçu de la part de ses maîtres que
des témoignages de bienveillance ; elle avait pour le jeune
lord une tendresse qui tenait de l'adoration, et celui-ci
ne l'avait jamais appelée que ma bonne Mita.

« Il s'est donc trouvé des hommes assez lâches pour
composer et enregistrer ces lois, et des hommes assez
cruels pour les exécuter ! » s'écria tout à coup William
Willberforce en rejetant loin de lui ce Code barbare.

Il était beau à voir ainsi : sa taille, courbée par la
souffrance, s'était soudainement redressée, et son regard
étincelait de la plus généreuse indignation.

Le lendemain, il reprit la lecture commencée et suivit
patiemment tous les paragraphes de ces lois arbitraires,
cruelles. On l'entendit souvent crier : « Ah ! que je vou-
drais être assez éloquent pour plaider en face de l'Europe
entière une cause aussi légitime, aussi sainte ! »

Ce noble désir sauva le malade de cet ennui persistant,
de cette fatigue de soi-même contre laquelle la science
des hommes avait été impuissante.

Sous l'empire de cette pensée généreuse, William se

remit sérieusement au travail, se préparant dans la solitude à la grande lutte qu'il se proposait de soutenir au
nom de l'humanité.

Quelques années plus tard, ses concitoyens lui offrirent
l'honneur de les représenter au sein de la chambre des
Communes. C'était en 1784, un an après la signature du
traité de Versailles, par lequel l'Angleterre avait été
contrainte de reconnaître l'indépendance des États-Unis
et de restituer à la France le Sénégal et ses possessions
du Bengale. Ce traité avait porté un coup mortel au
ministère; et alors les yeux de la nation, comme ceux
du prince, s'étaient tournés vers un jeune lord, le second
fils de lord Chatam, lequel portait comme son illustre
père le nom de William Pitt.

Bien que la chambre des Communes fût alors comme
fascinée par le génie vaste, les vues profondes et l'éloquence persuasive de ce jeune homme de vingt-cinq ans,
qui remplissait une des premières charges du royaume
sans en paraître surpris ni embarrassé, elle accueillit
avec les témoignages d'une vive sympathie William
Willberforce, quand celui-ci vint prendre au milieu
d'elle la place que le choix de ses concitoyens lui avait
assignée. Encouragé par cette bienveillance, William
se proposa de la faire servir à la cause des pauvres nègres
d'Afrique, vendus et achetés comme des bêtes de somme.
Son premier plaidoyer, préparé avec soin, exprimé avec
éloquence, entraîna, subjugua les membres des Communes. Le jeune orateur crut toucher au triomphe;
malheureusement, il lui restait encore bien des préjugés
à combattre, bien des difficultés à vaincre : l'abolition
de la traite des noirs, réclamée au nom de la charité,
devait nécessairement froisser les intérêts des colons.
Les calculs de l'égoïsme retardèrent le succès de cette

œuvre généreuse. Tout ce que le jeune défenseur put obtenir, ce fut la nomination d'une commission chargée de faire une enquête pour éclairer les consciences sur ce sujet aussi délicat qu'important. Deux longues années se passèrent à entendre des témoins, à recueillir des renseignements. Mais ces renseignements, fournis en partie par ceux-là mêmes qui étaient le plus intéressés à empêcher la vérité de se faire jour, ces renseignements ne purent entraîner la conviction de la majorité de la Chambre.

« Ils sont aveugles aujourd'hui, dans quelques jours ils seront forcés d'ouvrir les yeux », dit avec résignation le jeune philanthrope.

L'année suivante, il renouvela sa proposition, qui fut rejetée pour les mêmes motifs.

Sans se laisser décourager par ce nouvel échec, Willberforce se remit à l'œuvre. Pendant douze années consécutives, il ne laissa à la Chambre comme au Parlement ni paix ni trêve : il se fût reproché de jouir lui-même d'une heure de loisir avant d'avoir réalisé son idée généreuse. Prodiguant son or pour réunir les preuves matérielles nécessaires au triomphe de sa cause, sollicitant sans cesse le crédit de ses amis, Willberforce méritait bien d'attacher son nom à cette grande réforme que réclamait la conscience publique. Enfin tant d'efforts furent couronnés de succès, et, un jour, le plus beau de sa vie, William Willberforce entendit proclamer, au sein du Parlement, l'abolition de la traite des noirs. Un bill interdisait à tout sujet anglais de prendre une part, même indirecte, à ce trafic honteux. Dès lors un cri d'admiration s'éleva de toutes les poitrines, et il ne fut plus permis au généreux défenseur des pauvres nègres d'Afrique de traverser une place publique de Londres sans y être acclamé.

Cette joie était douce à son cœur, mais elle fut troublée par la mort de la meilleure des mères : lady Willberforce s'éteignit doucement dans sa résidence de Hull. En donnant sa dernière bénédiction à ce fils qui avait été sa consolation et sa gloire, elle plaçait sous sa protection une jeune orpheline sans fortune, parente éloignée des Willberforce. William comprit ce dernier vœu, et fit le généreux sacrifice d'une brillante alliance : il épousa à Hull, l'année suivante, la jeune protégée de sa mère.

Les charmes de cette union assurèrent quelque temps son repos et son bonheur ; puis, comme si les joies de la vie n'eussent pas été faites pour notre héros, son aimable compagne le quitta à son tour pour un monde meilleur. Elle lui laissait un fils et deux filles. Sans se laisser abattre par ce nouveau malheur, William songea à continuer son œuvre ; il recommença donc les plus pressantes sollicitations, mais cette fois dans le but d'obtenir du gouvernement anglais son intercession auprès des autres nations, qu'il était si nécessaire d'intéresser au sort des nègres opprimés. Lui-même ne reculait devant aucun sacrifice, devant aucune fatigue pour éveiller chez les hommes influents de la France, de l'Espagne, de l'Amérique, des sentiments favorables à la plus noble des causes. Cette préoccupation incessante l'avait rendu indifférent aux soins de sa santé comme à ceux de sa fortune, et sa riche constitution s'affaiblit au moment où son avoir, considérablement amoindri, ne pouvait plus le mettre à l'abri des soucis matériels de l'existence. Il sut accepter les privations qu'il avait jusqu'alors ignorées ; mais la religion le consola de ses dernières épreuves : elle conserva à cette âme élevée toute sa sérénité. Willberforce s'éteignit doucement, entouré de sa famille, à laquelle il laissait, à défaut de fortune, un nom béni, honoré, glorieux.

Dans les mois qui précédèrent sa mort, il se faisait lire les éloquents discours que prononçait alors, au sein du Parlement, l'illustre lord Grey, qui s'était promis de couronner l'œuvre commencée par Willberforce en obtenant l'abolition de l'esclavage dans les colonies anglaises. Le généreux adversaire de la traite des noirs éprouvait une émotion profonde en applaudissant aux courageux efforts de lord Grey.

« Je n'entendrai point, hélas! le cri de délivrance qui annoncera à l'univers entier le grand triomphe de l'humanité sur la barbarie, disait Willberforce à ses enfants; mais, lorsque ce beau jour se lèvera sur le monde, pensez à toute la joie que j'en éprouverai dans le ciel. »

Cette pensée fut la dernière qui apporta quelque consolation au cœur de l'avocat des nègres opprimés. Aujourd'hui sa dépouille mortelle repose au milieu de ses concitoyens, qui se sont empressés de lui faire élever une statue, afin de perpétuer son souvenir au milieu d'eux.

MARIE DES URSINS

Dans une ville opulente, délicieusement située sur la rive gauche du Tibre, à quelque distance de Rome, trois jeunes filles causaient sous un bosquet d'orangers. L'aînée venait d'atteindre sa dix-huitième année ; elle était grande, svelte, pâle sous ses habits de deuil. De ses longs cils jaillissaient comme un feu sombre, tandis que de ses lèvres minces s'exhalait un dédaigneux sourire. Elle avait souffert déjà, car son visage n'exprimait ni la douce confiance qui produit les rêves heureux dont on se berce à cet âge, ni la sérénité qui reste le privilège des cœurs que les soucis de la vie n'ont point encore troublés. Hélas ! cette jeune fille avait déjà assisté au triste spectacle des violentes colères que suscite la plus terrible des haines, celle des partis. Son père était, en effet, le chef de la puissante famille des Alberti, qui avait disputé longtemps la popularité et les honneurs à une autre famille de Florence, celle des Albizzi. Ces derniers l'avaient enfin emporté et chassé de la ville leurs redoutables rivaux, que la protection des Médicis n'avait pu faire triompher. Benedetto et ses fils erraient donc, la rage dans le cœur, mais ne perdant point l'espoir du retour. Fiorina, fille et sœur de ces proscrits, avait trouvé un asile à Rome, au sein de la famille d'Orsini, plus connue dans l'histoire sous le nom des Ursins. Une douce et aimable compagne, Marie, fille de Virginio Orsini, avait essayé, mais en vain, de cicatriser les blessures que les discordes civiles avaient faites au cœur de l'exilée. Fiorina, qui n'avait entendu parler que de haine, ne prêtait qu'une oreille distraite aux paroles pleines de mansuétude que lui adressait Marie des Ursins, ange de douceur et de piété. La troisième jeune fille était presque une enfant encore, et sa charmante physionomie, aussi intelligente que douce, contrastait avec le visage sérieux, presque sévère, de la fille de Benedetto. Elle se tenait assise sur un tabouret placé devant Marie des Ursins, pour laquelle elle avait une admiration et une tendresse infinies. Cette gracieuse enfant était la fille de Christophe Allori, peintre de talent, qui s'était immortalisé sous le surnom de Bronzino. Il avait été appelé au palais Orsini pour y faire le portrait de la princesse Marie, portrait réclamé depuis quelque temps déjà par Marie de Médicis, dont elle était à la fois la petite-nièce et la filleule.

Cependant la causerie des trois jeunes filles avait perdu peu à peu son enjouement et son entrain, à la suite de quelques réflexions chagrines, amères, faites par Fiorina Alberti. Ce fut cependant elle qui renoua l'entretien un instant interrompu, en adressant à la princesse cette question que les derniers mots échangés n'avaient point amenée :

« Ne soupçonnez-vous pas que la reine mère, votre puissante marraine, n'ait eu, en réclamant vos traits, nulle autre intention que celle de les voir figurer parmi les portraits de sa famille ? »

A cette demande indiscrète, Marie rougit légèrement.

« Ma grand'tante n'a pas exprimé, que je sache, un autre désir », répondit-elle avec simplicité.

Angélina saisit vivement une des mains de sa jeune protectrice et la baisa avec une respectueuse tendresse; son regard ému semblait dire : Déjà nous quitter !...

Quant à l'altière fille des Alberti, on eût pu voir se contracter ses lèvres minces, tandis qu'un éclair, éclair

Le cardinal de Richelieu.

de sombre envie, brillait dans son ardent regard. Cette jalousie coupable, qu'elle nourrissait en secret contre sa bienfaitrice, l'avait pourtant soudainement éclairée; car, deux mois après cet entretien, le Bronzino avait achevé le portrait de la princesse, déclaré à l'unanimité une de ses meilleures œuvres. Cette toile, d'un mérite incontestable, avait été envoyée à la reine mère et ornait un des salons du Louvre. Un gentilhomme appartenant à la première famille de France après la famille royale, Henri de Montmorency, avait été blessé au cœur à la vue de cette douce et charmante image, et, avec l'agrément de la reine, les illustres parents du duc avaient fait la demande officielle de la main de Marie des Ursins. Lorsque cette demande parvint au palais Orsini, la jeune princesse, ignorant les circonstances qui l'avaient précédé, priait paisiblement dans son oratoire. Une piété sincère lui avait déjà inspiré le désir de se consacrer à Dieu, et elle demandait le courage de déclarer à sa puissante famille les inclinations de son cœur. La nouvelle inattendue qui venait l'arracher à ses pieuses méditations la frappa comme d'un coup de foudre; elle voulut résister par ses supplications et ses larmes, mais il fallut obéir, et suivre en France les ambassadeurs chargés de remettre aux mains de Marie de Médicis sa jeune parente. La seule grâce qu'elle put obtenir ce fut d'emmener avec elle la fille de Christophe Allori.

Fiorina Alberti refusa d'accompagner à la cour celle dont la haute destinée lui portait ombrage; elle assista d'un œil sec à la douleur de Marie, douleur qu'elle ne pouvait comprendre.

Peu après cet événement, elle quittait le palais Orsini et allait ensevelir dans un cloître les tourments d'une âme superbe et froissée. Le Seigneur toucha-t-il ce cœur, dans lequel la haine des factions avait déversé son fiel? On l'ignore; ce fut un secret entre la belle recluse et Dieu.

Pendant ce temps, le brillant mariage d'Henri de Montmorency et de Marie des Ursins s'était célébré, réunissant les familles les plus illustres de France. Le feu roi, Henri le Grand, avait tenu l'époux sur les fonts baptismaux ; Marie de Médicis était la marraine de l'épouse. Celui auquel la timide princesse unissait sa destinée avait tout ce qu'il faut pour charmer et pour éblouir. Les honneurs étaient venus le trouver dès sa première jeunesse : à dix-sept ans, Louis XIII l'avait créé amiral ; un an plus tard, la mort de son père lui avait transmis le gouvernement d'une des plus belles provinces du royaume, le Languedoc. Les événements en avaient fait de bonne heure un héros : il avait combattu avec succès les protestants dans la grande lutte religieuse dont le Languedoc avait été le théâtre. Il s'imposait donc naturellement à l'admiration d'une jeune princesse qui n'avait encore aimé que ses parents et Dieu. Ses manières grandes et généreuses lui conquirent pour toujours cette âme tendre et élevée.

Ce fut donc avec une joie unie à un légitime orgueil que Marie des Ursins suivit Henri de Montmorency dans son gouvernement de Languedoc, où un accueil chaleureux et des fêtes splendides les attendaient. A partir de ce jour, la duchesse se gagna tous les cœurs : sa modestie touchante et son extrême bonté cicatrisèrent plus d'une fois les blessures faites par les décisions hautaines du duc, dont l'altière attitude se croyait justifiée par l'illustration de sa famille, continuée par les précoces succès de ce jeune descendant. Mais le lion se faisait agneau devant sa douce compagne, et les jours des deux époux s'écoulaient sans nuages.

Hélas ! l'écrivain, comme le lecteur, regrette de ne pouvoir s'arrêter à cette époque fortunée, où le représentant de l'une des plus grandes familles de France n'avait encore rien conçu, rien accompli, qui ne fût digne de ses illustres aïeux, qui tous avaient été des héros ainsi que de fidèles et loyaux serviteurs du roi. Qui eût dit

alors à ce brillant seigneur, qui semblait devoir les surpasser un jour en honneur, en vaillance, qu'il n'achè-
verait pas, comme eux, une carrière si glorieusement
commencée ? Ah ! celui qui eût osé exprimer se sinistre
présage aurait eu tout à redouter de sa bouillante ardeur.

Mais suivons les événements. Un ministre préside
seul aux destinées de la France : c'est Richelieu. Cet
homme, aux conceptions étonnantes, marche vers un
triple but, dont rien ne le détourne ni ne le distrait :
détruire l'influence politique du protestantisme en France,
abattre la puissance de la noblesse, abaisser la maison
d'Autriche. Déjà il avait repris aux protestants l'île de
Ré, et leur avait enlevé leur dernier boulevard, la
Rochelle ; à la suite de ses succès, il avait anéanti leur
puissance politique par l'édit de Nîmes. Un peu plus tard,
on le voit seconder les efforts de Gustave-Adolphe,
ennemi de l'Autriche, et enfin se déclarer ouvertement
contre cette nation. Il ne recule pas davantage devant une
lutte plus difficile, plus périlleuse : c'est celle qu'il s'est
promis d'entreprendre contre les puissantes familles qui
disposent d'une influence immense, et qui comptent à
leur tête le frère et la mère du roi. Mais il ne s'arrête
point devant de si menaçants obstacles : il déjoue les
intrigues, anéantit les ambitions, brise les espérances.
Les princesses s'unissent aux seigneurs pour le perdre
dans l'esprit de Louis XIII : on le croit vaincu, on
applaudit à sa défaite ; mais il lui a suffi de revoir le
roi, et c'est alors lui qui triomphe. La journée des Dupes
assure plus que jamais son pouvoir ; l'exil de Marillac,
garde des Sceaux, et la mort du maréchal son frère,
l'affirment de nouveau. La noblesse, frappée dans les
siens, s'indigne, s'exaspère ; mais le roi reste au
ministre.

Ces événements ont troublé le gouverneur du Languedoc et révolté son âme fière, déjà ulcérée par le pre-

Henri de Montmorency à la bataille de Castelnaudary.

mier refus que le duc eût essuyé de la cour, le refus du titre de connétable, dont Richelieu n'avait pas voulu augmenter la puissance d'Henri de Montmorency. Cependant l'orgueil irrité du duc commençait à s'apaiser, grâce aux touchantes prières de Marie des Ursins, lorsque Gaston d'Orléans, qui avait de nouveau levé l'étendard de la révolte, lui envoya les plus pressants messages pour le gagner à sa cause.

Humilier celui qui avait osé envoyer à la mort les descendants des plus nobles familles du royaume flattait trop la secrète antipathie que le cardinal inspirait au duc pour que celui-ci pût résister bien longtemps, et il vint un jour, jour de douloureuse mémoire, où Gaston d'Orléans, le pusillanime Gaston, put compter sur l'énergique concours d'Henri de Montmorency.

Lorsque le duc eut engagé sa parole, il marcha vers son but sans jeter un regard en arrière, dans la crainte de se laisser vaincre par le souvenir des hautes vertus de ses ancêtres, par le souvenir de l'affection si pure de la noble femme qu'il avait associée à sa vie.

A la voix pleine d'autorité de leur gouverneur, les États du bas Languedoc se soulevèrent. Richelieu envoya aussitôt deux armées dans le Midi : l'une d'elles rencontra près de Castelnaudary les troupes d'Henri de Montmorency. Celui-ci fit des prodiges de valeur et espéra un instant la victoire ; mais étant tombé dans une embuscade en poursuivant de trop près ses ennemis, il s'en vit bientôt environné. Il fut blessé grièvement, après avoir cherché inutilement la mort dans cette terrible journée.

Le duc fut fait prisonnier.

A cette nouvelle, le duc d'Orléans se hâta de jeter bas les armes et de faire sonner la retraite.

Deux jours après le combat, le duc, remis un peu de sa blessure, fut conduit à Toulouse et traduit devant le Parlement. Il avoua ses fautes sans chercher à les amoindrir, car le bandeau qui l'avait un instant aveuglé était tombé de ses yeux, et le repentir, un repentir sincère, n'avait pas tardé à lui montrer sa conduite sous son véritable jour.

Les juges signèrent en pleurant son arrêt de mort.

Toute la cour s'émut de cette sentence; la princesse de Condé, sœur du condamné, le duc d'Angoulême, le duc de Savoie, le roi d'Angleterre, le souverain pontife lui-même, sollicitèrent la grâce du coupable. Mais toutes ces généreuses tentatives échouèrent devant la rigueur inflexible du cardinal, devant lequel tremblait le roi lui-même.

Quant au duc d'Orléans, il était rentré en grâce après avoir signé la promesse de ne plus rien entreprendre contre le ministre, et d'accepter, sans murmurer, le châtiment qu'il plairait au roi et au cardinal de faire subir à ceux qu'il avait entraînés dans ses révoltes : ce n'était pas la première fois que ce prince faible et frivole achetait son pardon à un semblable prix.

En présence de la mort qu'on lui prépare, Henri de Montmorency retrouve toute la pureté de sa foi, toute la noblesse de ses sentiments. La seule douleur qui le rattache encore aux choses de la terre, c'est la pensée que sa bien-aimée compagne, la douce Marie, se meurt d'angoisse et d'affliction dans son château des Granges, où elle est allée cacher ses larmes et son désespoir.

Jamais on ne vit, racontent les historiens du temps, une mort aussi édifiante : Dieu se plut à aider à bien mourir ce dernier descendant d'une génération qui s'était conservée sans tache depuis plus de dix siècles.

Ce fut le 29 octobre que la main du bourreau trancha la tête d'Henri de Montmorency, duc et pair de France, et que Marie des Ursins reçut la confirmation de l'arrêt

qui la faisait veuve. Hélas ! l'agonie de son cœur avait
commencé le jour où elle avait appris que son bien-
aimé, celui en lequel elle avait placé son bonheur et sa
gloire, avait cédé aux suggestions de Gaston d'Orléans.

Aussi les persécutions que la pauvre femme eut à
subir, à la suite de ce douloureux événement, la trou-
vèrent-elles comme insensible. On craignait qu'elle n'inté-
ressât à son ressentiment les amis du duc (et ils étaient
nombreux), aussi s'empara-t-on de sa personne. On la
vit quitter le château des Granges sans mumure, sans
qu'elle témoignât la moindre inquiétude au sujet du sort
qu'on lui réservait.

Qu'importait à cette veuve si cruellement éprouvée
l'éloignement du monde où elle avait tant souffert, la
perte des biens qui n'avaient pu assurer son bonheur !
Elle dut choisir pour lieu de captivité une de ces trois
villes : la Fère, Montargis, Moulins. Elle se décida pour
la dernière, qui se trouvait la moins éloignée de Toulouse.

Les portes de l'ancien château s'ouvrirent donc devant
la noble femme, qui dut subir l'humiliation d'être traitée
en criminelle. Ce ne fut cependant ni la surveillance
ombrageuse dont elle devint l'objet, ni la tristesse de
son cachot humide et malsain, qui la firent souffrir le
plus ; non, le mal qui la tortura pendant des années,
qui ne lui laissa de trêve ni le jour ni la nuit, ce fut le
ressentiment, qui, s'emparant de ce grand cœur, le
troublait comme un remords. Le prince frivole qui avait
lâchement abandonné son allié, le roi qui avait signé la
sentence dont l'hôtel de ville de Toulouse avait vu
l'exécution, trouvaient encore presque grâce à ses yeux ;
mais le puissant ministre qui avait dicté, imposé peut-
être cet arrêt terrible, le cardinal, passait et repassait

comme un spectre sombre devant les yeux terrifiés de
Marie des Ursins : le nom seul de ce juge implacable
brûlait comme un fer rouge son âme révoltée. Elle eût
voulu pardonner, et elle ne le pouvait pas. Hélas! que
de larmes versées, que de prières murmurées au pied
du crucifix pour arriver à cette sublime abnégation de

Mᵐᵉ de Chantal.

soi-même, qui seule peut nous procurer la paix en arra-
chant à nos cœurs brisés le pardon des injures!

Pour l'aider à combattre, à vaincre, Dieu lui envoya
un puissant auxiliaire : une femme que le malheur avait
sanctifiée, en la détachant des grandeurs de ce monde;
c'était Mᵐᵉ de Chantal. L'illustre veuve de Christophe
de Rabutin avait été, elle aussi, pieusement fidèle au

souvenir de l'époux qu'une mort prématurée avait enlevé à sa tendresse ; une douce sympathie unit bientôt ces cœurs éprouvés.

Mme de Chantal avait, de concert avec saint François de Sales, fondé à Annecy le premier couvent de l'ordre de la Visitation : elle venait d'en ouvrir un autre dans cette même ville de Moulins, où Marie des Ursins était retenue prisonnière. Elle parvint donc auprès de la veuve affligée, et commença à éveiller dans son cœur l'ardent désir du renoncement et les premières douceurs du pardon. Peu après les portes du cachot du château s'ouvrirent devant la captive ; ses liens tombèrent, elle devint de nouveau maîtresse de ses biens, maîtresse de son sort. On l'entoura : le monde, qui avait conservé le souvenir de sa beauté et de ses vertus, lui ouvrait avec empressement ses portes dorées ; d'un autre côté, son frère la pressait de le suivre en Italie, afin d'y trouver auprès de lui l'oubli et le bonheur. Marie ferma son cœur aux plus douces insinuations. Elle se présenta au seuil du couvent de Sainte-Marie de la Visitation, dont la pieuse fondatrice vint elle-même la recevoir.

« Je viens, comme le naufragé, chercher ici le calme après les orages, dit-elle simplement, et apprendre auprès de vous comment on y parvient. »

Mme de Chantal la reçut entre ses bras, et, dans une mutuelle étreinte, les deux nobles femmes unirent les battements de leurs cœurs.

Mme de Montmorency resta plusieurs années la modeste pensionnaire du couvent. Confondue avec les sœurs, dont elle imitait l'obéissance, elle attendait, pour prononcer ses vœux, que Dieu daignât la détacher plus complètement des choses de la terre. Elle avait obtenu la permission de faire élever, dans un des appartements de la communauté, un mausolée destiné à perpétuer le souvenir de son époux ; on le voit encore dans le lycée qui a remplacé l'ancien couvent. C'était là que la veuve fidèle passait tous les instants qui s'écoulaient entre les pieux exercices. Le souvenir qui remplissait son cœur lui fit différer pendant près de neuf années le bonheur auquel elle aspirait, celui de se consacrer à Dieu ; car elle voulait se donner tout entière, et Henri de Montmorency tenait encore trop de place dans son âme brisée.

Après bien des luttes, bien des combats, l'apaisement se fit enfin, le ressentiment s'évanouit, et Mᵐᵉ de Montmorency, prosternée devant le tombeau de son époux put s'écrier : « Je leur pardonne comme vous leur avez pardonné. » Elle avait enfin reconquis la paix.

Dès lors sa vie n'appartient plus qu'à Dieu. Elle prononça ses vœux le 15 septembre 1657, et, peu de temps après, fut choisie par ses pieuses compagnes pour supérieure de leur couvent. Elle répondit à leur confiance en leur donnant l'exemple de toutes les vertus, et c'est d'elle qu'on a pu dire « qu'elle ne se servit de ses richesses que pour venir en aide aux malheureux ; de son jugement, de son intelligence, que pour éclairer ceux qui recherchaient ses conseils ; de sa piété, que pour faire aimer cette religion divine qui l'avait soutenue ».

Tous les dons qu'elle avait reçus de Dieu, elle les avait tournés à la gloire de ce Maître suprême, et elle attendait avec calme la récompense promise à ceux qui n'ont jamais désespéré de sa bonté. Son divin Époux ne la lui fit pas trop attendre : huit ans après son entrée en religion, Mᵐᵉ de Montmorency rendit son âme à Dieu. Elle s'éteignit, souriant à la mort, qui brisait les liens qui la rattachaient, malgré elle, à cette terre où elle avait beaucoup souffert.

LE BRAVE RINGOIS

Pour vous parler, mes jeunes lecteurs, de ce grand citoyen, il faut remonter à une époque bien douloureuse de notre histoire. Alors le roi Jean le Bon était prisonnier des Anglais, et un jeune prince de dix-neuf ans à peine se trouvait à la tête d'un royaume envahi par l'étranger. Les négociations de paix ne pouvaient aboutir, tant les exigences du vainqueur étaient cruelles. Il fallut cependant les accepter un peu plus tard, et signer cet humiliant traité de Brétigny, qui, indépendamment de la cession de nos plus riches provinces, imposait à un pays déjà ruiné par la guerre une rançon de trois millions d'écus d'or. Ce traité conclu dans le petit village de Brétigny, à quatre kilomètres de Chartres, semblait consommer la ruine de la France. Le Poitou, la Saintonge, l'Angoumois, le Périgord, le Limousin et plusieurs autres provinces passèrent sous la domination de nos fiers vainqueurs. L'affliction fut grande dans ces régions que nos défaites avaient enlevées à la couronne ; mais nulle part cette honte et cette douleur ne furent plus profondément senties que dans le comté de Ponthieu, surtout dans Abbeville, sa capitale. A peine les dures conditions imposées par Édouard furent-elles connues, que la population presque entière se répandit dans les rues, sur les places publiques, en faisant entendre des plaintes déchirantes.

« Plutôt mourir que de subir l'odieuse domination de nos ennemis ! s'écriaient les hommes d'un âge mûr.

Nous avons trop vécu ! » répétaient en sanglotant les vieillards.

Les femmes, les mères pressaient leurs enfants dans leurs bras, comme pour les disputer à l'ennemi.

De jeunes hommes, il n'y en avait point ; tous étaient partis, et beaucoup ne devaient jamais revenir, car cette terrible guerre en avait moissonné le plus grand nombre. Il ne restait que des adolescents, qui, malgré leur jeunesse, sentaient vivement la honte de nos défaites ; leur fière attitude semblait promettre à leurs pères une revanche éclatante.

Tout à coup plusieurs voix s'élevèrent du sein de cette foule consternée, et l'on entendit ces mots :

« Maître Ringois, l'ami des pauvres, le protecteur des faibles, le bon citoyen, que doit-il penser à cette heure ? Comme il doit souffrir ! Allons joindre notre douleur à la sienne. »

A peine ce nom fut-il prononcé, qu'une multitude immense, grossie à chaque pas, se porta comme un seul flot sur une des places de la ville, en face d'une maison au style sévère.

Sur le balcon, placé au niveau du premier étage, flottait un drapeau noir. Ce signe de deuil fut acclamé par la population désolée, et le nom de Ringois sortit aussitôt de toutes les poitrines, et appela sur le balcon le citoyen que désignait cet appel unanime.

Ringois avait à cette époque quarante-cinq ans environ : sa taille était imposante, son regard intelligent et fier; une épaisse chevelure noire, à laquelle se mêlaient quelques fils argentés, couronnait cette belle tête.

Ringois fit signe qu'il voulait parler, et aussitôt un respectueux silence se fit au milieu de cette foule agitée.

« Mes amis, dit-il, je partage votre deuil; je souffre comme vous de l'humiliation de la patrie; mais je ne saurais vous engager à aucune protestation inutile : nous subissons la loi des vaincus. Les seules armes dont nous puissions nous servir aujourd'hui, c'est la patience et la résignation. Sachons attendre! Voilà le seul cri de guerre qui doive se faire entendre au sein de notre cité, forcément livrée à l'ennemi. Contraints de lui ouvrir nos portes, jurons-nous de rester incorruptibles et de ne nous laisser séduire ni par les largesses ni par ses dangereuses insinuations. Que notre oreille ne soit attentive qu'au gémissement de la patrie. Serrons nos rangs, et que l'Anglais ne trouve ni une place à notre foyer ni un lit sous notre toit! Qu'il entre dans notre cité comme dans une ville déserte : murons plutôt les portes de nos demeures pour l'empêcher d'y pénétrer! »

Une salve d'applaudissements accueillit ces patriotiques paroles, et la foule obéissante se dispersa sans trouble dans les divers quartiers.

Ringois se tint debout sur le balcon tant qu'il resta sur la place quelques citoyens attardés; puis il rentra dans son appartement, se jeta sur un siège, et l'on entendit comme des sanglots sortir de sa poitrine.

En ce moment, une porte s'ouvrit devant une belle jeune fille, vêtue de deuil; elle s'avançait, suivie d'une vieille gouvernante, et vint tout doucement se placer aux genoux de Ringois, lui disant de sa voix la plus douce :

« Père, c'est moi! »

Cet accent, qui depuis seize années avait su trouver
le chemin de son cœur et en cicatriser les blessures, ne
fit qu'augmenter l'attendrissement auquel cet homme,
d'ordinaire si énergique, ne pouvait résister. Quel est le
citoyen dévoué qui, voyant son pays à deux doigts de sa
perte, n'a pas passé par ces tristes heures de décourage-
ment et de faiblesse?

La fille de Ringois, restée à ses genoux et embrassant
avec effusion ses mains crispées, était le touchant
emblème de la consolation et de l'espérance en des jours
meilleurs.

« O mon père, s'écria tout à coup la jeune fille avec
énergie, je vous ai entendu dire souvent qu'un bon
citoyen doit toujours avoir foi dans les destinées de son
pays, qu'il ne doit jamais désespérer de lui voir reprendre
le rang qu'il occupait parmi les nations. La France
de Clovis et de Charlemagne ne peut périr ainsi; au
moment où ses ennemis implacables la croiront anéantie,
elle se relèvera de ses ruines. Non, Dieu, qui l'aime,
ne l'abandonnera pas : il lui enverra quelque puissant
secours pour lui aider à chasser de son sol ces Anglais
détestés. »

On eût dit que la charmante enfant voyait dans l'avenir
la jeune bergère de Domremy, quittant son village sur
l'ordre de ses voix bénies, et faisant fuir devant son
étendard les bataillons innombrables des soldats de
Henri.

Les accents généreux de cette foi naïve rendirent à
Ringois sa vaillante énergie; il releva sa fille, et la
contemplant avec un doux orgueil :

« Tu n'es encore qu'une enfant, mon Edmée chérie,
dit-il, et tu donnes à ton père une sage leçon : c'est avec
la confiance qu'on fait de grandes choses, et non avec

le doute, qui paralyse le courage et le rend impuissant.

« Oui, tu fais bien de croire que le triomphe de nos ennemis n'est que passager ; ils ne seront jamais les tranquilles possesseurs de notrè beau pays.

« Puisses-tu voir ce jour, ma fille bien-aimée ! »

En ce moment, la gouvernante servit le dîner, auquel le père et la fille touchèrent à peine, malgré leurs efforts pour répondre aux sollicitations pressantes de Germaine, qui dissimulait elle-même, en leur présence, le profond chagrin qui remplissait son cœur.

Ringois était un des riches bourgeois d'Abbeville ; ses concitoyens, qui connaissaient son intelligence et estimaient ses vertus, l'avaient choisi pour défendre leurs intérêts et leurs droits. Il siégeait donc comme échevin à l'hôtel de ville, et jouissait, sans l'avoir recherchée, de la plus grande faveur populaire qu'on pût accorder à un homme. Sa porte était ouverte à tous les malheureux ; sa fortune avait soulagé bien des misères et séché bien des pleurs. On citait de lui des traits admirables de courage et de générosité. L'amour qu'on portait à cet honnête citoyen se reportait sur tous les êtres qui lui étaient chers. Une mort prématurée lui avait enlevé la digne compagne de sa vie : tout Abbeville s'était associé à sa douleur ; et lorsque Edmée, son unique enfant, paraissait dans un lieu public, elle y était accueillie avec d'unanimes témoignages d'une respectueuse admiration. La jeune fille justifiait bien, par ses qualités personnelles, la sympathie dont elle était l'objet. Quoique fort jeune encore, elle savait compatir à tous les maux ; accompagnée de Germaine, sa gouvernante et sa nourrice, elle allait distribuer ses aumônes, sans que son père se plaignît jamais de sa libéralité.

Hélas! l'occasion de faire du bien ne manquait pas à cette époque si douloureuse de notre histoire, où les malheurs de notre pauvre France étaient arrivés à leur comble, où la guerre des partis semblait vouloir mettre la dernière main à l'œuvre de destruction commencée par l'ennemi.

Au motif si légitime qu'avait Ringois d'en vouloir aux Anglais s'en joignait un autre qui, tout en n'occupant que la seconde place dans son cœur, y faisait néanmoins une vive blessure.

Il s'agissait d'un orphelin, fils d'un ami regretté, et que l'échevin avait élevé avec la tendresse d'un père. Ce jeune homme se nommait Didier. La guerre l'avait enlevé aux douceurs de la vie honnête dont il jouissait auprès de son protecteur.

Fait prisonnier, comme le roi, à la fatale bataille de Poitiers, il n'avait pu sans doute faire parvenir de ses nouvelles. Avait-il succombé aux fatigues de cette lutte terrible? Avait-il été victime de quelque basse vengeance? Ringois l'ignorait.

Mais le traité de Brétigny, en brisant les fers du roi Jean, avait dû rendre la liberté aux braves qui avaient partagé ses dangers et ses malheurs; beaucoup, en effet, avaient revu leur famille et leur pays, mais Didier n'avait point reparu. En vain Germaine, qui l'avait vu tout enfant, ouvrait-elle chaque matin la porte du logis, écoutant le bruit de la rue, les propos des passants et des voisins, avec la secrète espérance d'apprendre quelque nouvelle se rapportant au prisonnier, aucun éclaircissement n'arrivait du dehors.

Pendant ce temps, les tristes événements de cette époque suivaient leurs cours.

A peine le roi Jean était-il revenu dans ses Etats,

qu'Édouard lui envoyait des commissaires pour faire reconnaître ses droits sur les fiefs, châteaux, gouvernements et provinces, qui lui avaient été octroyées par le traité de Brétigny. Le roi écrivit en conséquence aux seigneurs, aux commandants et aux bourgeois des villes comprises dans le traité, les priant de ne point mettre obstacle à la rectification d'une paix devenue si nécessaires. Les provinces ne se rendirent à sa prière qu'avec une extrême répugnance. Abbeville, comme la Rochelle, et bien d'autres villes, déclara qu'il ne cessait point d'être Français et que jamais il ne consentirait à sympathiser avec l'ennemi. Au lieu de s'efforcer de calmer une irritation si facile à comprendre, les garnisons envoyées pour prendre possession des cités et des bourgs n'usèrent d'aucun ménagement envers les vaincus.

Une sanglante ironie, jointe à la violence, porta au paroxysme de la colère et du désespoir les populations exaltées par quinze ans de souffrances de toutes sortes. La haine était dans tous les cœurs; des malédictions s'échappaient de toutes les lèvres; les bourgeois de la cité échangeaient avec les Anglais ces rapides regards dans lesquels se reflétait la sourde colère qui remplissait les âmes. Dans un tel état de choses, la moindre étincelle devait animer ce feu qui couvait dans l'ombre. Ce fut néanmoins des vainqueurs que vint la provocation.

Des officiers anglais insultèrent, en le menaçant, un vieillard fort estimé dans toute la ville; ceux de ses concitoyens qui se trouvaient témoins de cet outrage prirent parti pour leur compatriote : la querelle s'engagea, et l'irritation, comme une traînée de poudre, se communiqua aux groupes qui s'étaient soudainement formés. Alors on vit s'ouvrir les maisons soigneusement fermées, et chacun des habitants accourir au cri répété de : « Sus aux Anglais ! »

Le bruit de l'émeute, montant comme le flot d'une mer agitée attira sur le balcon où nous l'avons déjà vu le père d'Edmée. En ce moment, un lugubre cortège portait sous ses fenêtres le corps du vieillard blessé à mort par les lances ennemies.

La vue de cette triste scène émut Ringois : il descend sur la place et demande des explications ; on lui montre les restes ensanglantés de Rémondier, un des hommes les plus vertueux et les plus inoffensifs de la cité.

« Les misérables, s'écrie-t-il dans une généreuse indignation, ne nous trouvent-ils donc pas assez malheureux ! »

Il suit la foule, mais c'est plutôt pour en calmer l'exaspération et empêcher de plus grands désastres. Ses paroles sont couvertes par des cris de vengeance et de révolte.

Connaissant les dispositions hostiles des habitants d'Abbeville, plusieurs détachements anglais s'étaient cantonnés aux environs de la ville ; on y envoya secrètement des messagers. Aussitôt les rues et les places furent cernées ; un assez grand nombre des habitants purent pénétrer dans les maisons qu'on leur offrait pour asiles ; les Anglais se vengèrent sur ceux dont ils purent s'emparer. Les uns furent immédiatement passés au fil de l'épée ; les autres, de ce nombre se trouvait Ringois, furent faits prisonniers. C'étaient les plus riches de la cité ; on en espérait de fortes rançons, car cette longue lutte qui ruinait la France n'enrichissait pas son ennemie.

Hélas ! cette tentative infructueuse ajouta encore au deuil et aux souffrances des vaincus. Plusieurs villes de France résistèrent avec la même énergie à une prise de possession pour laquelle on ne les avait pas consultées ;

mais, comme Abbeville, elles furent forcées de plier sous le joug du gouvernement anglais.

Ringois s'était trouvé au sein de l'émeute avant de s'être rendu compte du mouvement populaire qui se produisait ; on feignit de croire qu'il en avait été l'excitateur et le guide. Il était riche, il pouvait payer une forte rançon. Mais qué lui importait ce honteux calcul ? n'eût-il pas sacrifié jusqu'à sa dernière obole pour revoir son Edmée chérie, et pour mettre fin aux terribles angoisses qu'elle devait éprouver ?

Hélas ! cette consolation si légitime fut enlevée à Ringois : on fit pour lui une exception monstrueuse. Tous ses compagnons eurent le droit d'échanger contre leur or leur liberté ; à lui seul on imposa la dure nécessité de reconnaître pour son souverain légitime le nouveau maître de la Saintonge, du Limousin, du Quercy, du Ponthieu : Édouard III, roi d'Angleterre.

Ce fut un coup de foudre pour le malheureux père et pour ses nombreux amis ; peu s'en fallut que cette nouvelle ne causât une seconde émeute, mais le sang couvrait encore les rues et les places publiques, et les Anglais avaient doublé leurs forces.

On fut pour ce bon citoyen d'une cruauté inouïe ; on lui refusa la consolation de revoir, d'embrasser son enfant ! On l'enleva, la nuit, de la résidence où on l'avait enfermé, et on le conduisit à Douvres sous bonne escorte. Le commandant de la forteresse fit venir le prisonnier, l'interrogea sans témoins, et, touché de sa franchise et de ses malheurs, usa de tous les moyens possibles pour le déterminer à faire le serment de fidélité qui devait lui rendre la liberté et sauver sa vie. Ringois fut inébranlable. L'injustice le révoltait. Pourquoi exigeait-on de lui un tel acte de félonie ?

« Mais vous vous perdez, dit avec regret le commandant ; ne vous reste-t-il donc plus rien à aimer, à protéger en ce monde ? »

Ringois leva vers le ciel un regard sublime de douleur profonde, mais il répondit :

« Je suis père, et si vous l'êtes vous-même, ne m'interrogez plus ; ne cherchez pas à affaiblir mon courage. Je suis Français et ne reconnais qu'un souverain, le roi Jean.

« Votre maître exige de moi le serment de fidélité ? et que penserait-il de vous, son fidèle sujet, si vous étiez à ma place ? »

Le commandant ne répondit pas ; le patriotisme du prisonnier excitait en lui une sincère admiration. Il eût voulu le sauver, mais les ordres étaient précis : on attachait une importance réelle à cette espèce d'abjuration qui pouvait être d'un exemple salutaire sur les habitants d'Abbeville. Il espérait vaincre peu à peu cette résistance, et, en attendant, il entoura le prisonnier des égards dus à son mérite et à son malheur.

L'humanité du commandant pour son captif fut remarquée : on lui en fit un crime, et l'on s'empressa de pourvoir à son remplacement. Lord Nesby, qui lui succéda, eut une conduite tout opposée à celle de son prédécesseur. Naturellement dur et inflexible, il se flatta de dompter ce rebelle superbe, d'abaisser ce qu'il nommait l'orgueil intraitable du bourgeois d'Abbeville. Il mit d'abord en usage ces mille petites persécutions qui finissent par triompher parfois des volontés les plus fermes. Ringois subit avec résignation ces nouvelles épreuves. Il avait, lui aussi, un espoir, c'était de lasser ses persécuteurs, et de parvenir à échanger sa liberté, sa vie, contre la plus grande partie de ses biens, mais non contre son honneur. Hélas ! cette espérance devait être déçue ; la noble persistance de l'échevin devait se heurter contre deux passions violentes : la haine et l'orgueil.

Une nuit, on vint enlever le prisonnier de sa cellule, on le conduisit à la lueur des torches sur la plate-forme de la forteresse, dont le pied était battu par la mer. Là, lord Nesby adjura de nouveau son prisonnier de faire au roi d'Angleterre le serment exigé.

« Mon souverain légitime est le roi Jean, répondit avec fermeté Ringois, et pour le moment je n'en reconnais pas d'autre. »

Le commandant pensa que la crainte de la mort pourrait, à ce moment suprême, ébranler un si rare courage.

La scène dont Ringois était le principal acteur était bien faite pour impressionner une âme plus vulgaire. Le bruit des vagues gémissantes s'unissant aux menaces de ces soldats au sinistre visage ; la lueur des torches prêtant, à défaut de la lumière, son concours à ce triste spectacle : tout s'était réuni pour glacer le plus mâle courage.

Sur un ordre de lord Nesby, les lances des hommes d'armes repoussèrent Ringois jusqu'au dernier parapet de la forteresse ; un pas seul le séparait de l'abîme.

Une nouvelle sommation lui est faite de se reconnaître sujet du roi d'Angleterre.

« Jamais ! plutôt mourir ! s'écria Ringois.

— Qu'il soit fait selon ta volonté », répond le commandant, ivre de fureur.

Aussitôt cinq lances se dirigent sur la poitrine du brave, ces lances meurtrières le précipitent dans les flots.

. . . .

Edmée n'avait pas revu son père depuis le jour où il

avait été entraîné par l'émeute. Que dire des angoisses terribles, des alternatives de crainte et d'espérance qu'elle avait subies ! la parole est impuissante à les reproduire. Ces émotions poignantes éprouvèrent au-delà de ses forces cette nature délicate. A la surexcitation succéda une apparente insensibilité. La mémoire des événements passés sembla s'être éteinte dans cette intelligence si vive, si richement douée. Les larmes d'Edmée se séchèrent ; elle resta triste, mais devint aussi calme, aussi silencieuse qu'on l'avait vue agitée et inquiète. A peine répondait-elle par quelques mots affectueux aux questions pleines de sollicitude que lui adressait sa vieille nourrice.

Elle ne sortait de cette immobilité inquiète que pour aller, chaque matin, sur le balcon du premier étage ; elle y restait quelques instants debout, regardant, comme si elle attendait quelqu'un parti de la veille. Puis elle revenait lentement devant la table à ouvrage, et semblait alors uniquement préoccupée du travail auquel elle se livrait. Lorsque les habitants d'Abbeville apercevaient cet enfant au teint pâle, au visage triste, ils sentaient grandir encore leur regret pour leur brave compatriote et grandir en même temps leur haine contre l'étranger.

. . . .

Cependant la lâche action de lord Nesby n'avait point eu l'approbation de toute la garnison. Quand on connut les détails de ce crime commis dans l'ombre, beaucoup d'honnêtes soldats murmurèrent. L'étonnant courage du nouveau Régulus fut raconté et parvint aux oreilles du prince de Galles, jeune héritier du trône d'Angleterre. Ce prince se distinguait de son père par des qualités chevaleresques et des sentiments pleins d'humanité. Sa conduite auprès de Jean II prisonnier lui a valu les justes éloges de la postérité ; l'histoire nous le représente servant lui-même à table son royal captif.

Une généreuse indignation enflamma le cœur du prince ; lord Nesby fut disgracié.

Un peu plus tard, un jeune officier, visitant la cellule où Ringois avait passé les derniers jours de sa vie, découvrit, au fond d'une petite cachette pratiquée dans le mur, une mèche de cheveux et quelques lignes écrites avec du sang. Ringois n'avait pu tracer que ces mots, adressés à sa fille : « Je te laisse seule au monde, mais « j'espère que Dieu te rendra l'ami, l'époux que je « t'avais destiné : le brave Didier Rével, que l'on retient « encore malgré le traité de paix. »

Puis suivaient deux phrases indéchiffrables, des adieux déchirants sans doute. Ce billet, remis au commandant, parvint à l'héritier du trône d'Angleterre. Le prince Noir avait, nous l'avons dit, des sentiments chevaleresques. La douleur navrante qu'avait dû éprouver le prisonnier en traçant ces lignes le toucha. Des ordres furent donnés pour découvrir Didier. Mais on n'était pas encore remis de cette lutte de quinze ans ; il régnait chez les vainqueurs un peu de la perturbation qui existait chez les vaincus.

Plusieurs des barons anglais qui avaient exposé leur fortune et leur vie pour le triomphe du souverain s'étaient emparés de quelques-unes de nos dépouilles. Les uns avaient profité du pillage, les autres retenaient leurs prisonniers sous prétexte de les rallier à la cause du roi. On s'inquiétait peu de cette violation des traités ; car, de part et d'autre, on s'attendait à une reprise des hostilités.

Didier, tombé au pouvoir d'un fanatique, lord Less, avait en vain réclamé la liberté ; on lui avait d'abord répondu d'une manière évasive, puis on avait essayé de l'apaiser par des ajournements consécutifs. Je vaincrai peu à peu la résistance de cet enfant, et j'en ferai un sujet fidèle d'Édouard, pensait le baron. Mais Didier était le digne élève de Ringois, son bienfaiteur, et, comme celui-ci, il était invulnérable.

Une année s'écoula. Pendant ce temps, aucune amélioration ne se produisant dans la santé d'Edmée, les médecins conseillèrent un changement d'air; il fallait à tout prix arracher la pauvre enfant à de trop cruels souvenirs. Un séjour de quelques mois en Italie fut ordonné. La fidèle nourrice n'hésita pas à entreprendre un voyage que les difficultés de transport rendaient aussi long que difficile.

Après bien des fatigues, Edmée put respirer à l'aise sous ce ciel clément. Cette nature si riche, que les poètes de tous les temps ont vantée, ces aspects tout nouveaux, ce soleil vivifiant, et, par-dessus tout, l'éloignement des lieux où elle avait souffert, ranimèrent peu à peu les forces de la jeune fille, comme les premières gouttes de rosée relèvent la plante languissante. Une transformation complète s'opéra au physique comme au moral ; le voile qui semblait s'être étendu sur son intelligence se soulevait enfin pour montrer cette imagination aussi vive, aussi brillante qu'autrefois. Hélas ! en revenant à la santé de l'esprit et du corps, elle devait être rendue également au sentiment complet de ses douleurs ; mais la foi, une foi ferme, unie à l'espérance chrétienne, avait changé le désespoir en résignation.

Après un séjour de deux années en Italie, Edmée voulut revoir son pays natal; elle revint à Abbeville, dont les habitants l'accueillirent avec les démonstrations de la joie la plus sincère. Au moment où l'orpheline rentrait sous le toit qui l'avait vue naître, Didier mettait le pied sur la terre de France. Qui avait brisé les fers du prisonnier? Il l'ignorait. Un jour, le fier baron de Less lui avait dit : « Pars, tu es libre ! » et le jeune soldat n'avait même pas songé à demander le moindre renseignement ; transporté de bonheur, il s'était empressé de mettre entre lui et le sol inhospitalier de l'Angleterre cette étroite mer qui sépare Douvres de Calais.

Il revenait la joie dans l'âme, lorsqu'il apprit en route la mort tragique de son bienfaiteur, de son second père. Cette nouvelle brisa son cœur. Edmée, sur laquelle on lui avait donné des détails si navrants, reposait sans doute à cette heure dans le cimetière d'Abbeville ; sa vieille gouvernante, qui l'avait tant aimée, avait-elle pu elle-même résister à tant de douleurs? Quand il aperçut la flèche du clocher, ses forces faillirent l'abandonner. Le premier habitant d'Abbeville qu'il rencontra raffermit son courage en lui racontant les événements passés.

Quelques instants après, comme Germaine allait et venait dans cette maison où elle avait passé sa vie, donnant partout son coup d'œil de ménagère soigneuse et bien entendue, elle se sentit enlacer par deux bras vigoureux, et un baiser, un gros baiser, comme seuls les fils en donnent à leurs mères, retentit sur les joues de l'excellente femme.

« Est-ce toi, mon Didier? » dit-elle, car son cœur avait deviné, avant que ses yeux l'eussent vu, celui dont elle pleurait l'absence.

Edmée accourut à ce bruit. En se tendant la main, les deux amis d'enfance éclatèrent en sanglots ; à leurs yeux apparaissait l'image chérie de celui qui les avait élevés avec une égale tendresse.

Le prince Noir, lorsqu'il se piquait de générosité, ne se laissait surpasser par personne au monde ; il s'était intéressé à ce drame de famille, et comme devant la volonté des rois les obstacles s'aplanissent, on découvrit Edmée comme on avait découvert Didier. La jeune fille reçut donc, au nom de l'héritier présomptif de la couronne d'Angleterre, les derniers vœux exprimés par le brave Ringois ; sans ce message, Didier eût ignoré à jamais le nom de son libérateur.

Quelques mois plus tard, un nombreux cortège d'amis fidèles accompagnait à l'église un jeune couple qui recueillait sur son passage les bénédictions de la foule attendrie ; Didier devenait l'heureux époux d'Edmée.

La vertu et les sentiments dont Ringois avait donné toute la vie l'exemple se perpétuèrent chez ses descendants ; aussi cette famille continua-t-elle à être honorée et aimée de tous les habitants d'Abbeville.

Cette cité, fidèle à nos rois, continua à supporter bien difficilement le joug tyrannique des Anglais ; de nouvelles exactions la poussèrent à une seconde émeute dont l'issue fut cette fois plus heureuse, car la ville repoussa victorieusement l'ennemi et le chassa de ses murs, au nom du brave Ringois, qu'elle s'était promis de venger. Charles VII honora lui-même la mémoire de ce grand citoyen, en accordant des titres de noblesse non seulement à sa famille, mais aux échevins dont il avait illustré la charge. Les fleurs de lis d'or, qu'on voit encore dans l'écusson de l'ancienne capitale du Ponthieu, furent accordées à la ville fidèle comme un témoignage de reconnaissance de son souverain.

ISABELLE DE LA ROCHEGUYON

Plus d'un demi-siècle s'était écoulé depuis la mort du brave Ringois, et cette guerre terrible, qui a laissé de si tristes souvenirs dans notre histoire, ne s'était point apaisée. Les malheurs de notre pays s'étaient, au contraire, accrus. La lutte fratricide de la maison de Bourgogne contre les princes d'Orléans ou d'Armagnac aidait l'Anglais à ensanglanter ce pauvre royaume, dont l'infortuné souverain, privé de raison, ne pouvait comprendre ni la détresse ni la souffrance. Au moment de cette crise suprême, où les factions ennemies semblaient se disputer avec l'étranger le honteux honneur d'achever la ruine de la France, il fut consolant pour ceux qui avaient conservé l'amour du sol natal de voir surgir, au milieu de tant de défaillances, des dévouements sublimes.

Parmi les noms sauvés de l'oubli dont l'histoire a vanté le noble courage, se trouve celui d'une femme qui fut la gloire de son sexe et l'honneur de son pays. La comtesse Isabelle, ainsi que l'appelaient par amour ses nombreux vassaux, était la fille unique du sire de Rivière, un des plus braves et plus puissants seigneurs de la Normandie, et dont les ancêtres s'étaient illustrés au temps des croisades. Quelques années avant sa mort, le comte de Rivière avait marié sa fille bien-aimée à messire Guy de la Rocheguyon, gentilhomme le plus accompli de son époque. Ils étaient dignes l'un de l'autre, et jamais couple mieux assorti ne vint recevoir au pied des autels la bénédiction nuptiale. Deux beaux enfants étaient nés de cette union : Guy et Richard. Ce dernier vint au monde au moment où se répandait la nouvelle de l'invasion de la Normandie par Henri V, roi d'Angleterre.

Ce prince, espérant conquérir la France entière grâce aux factions qui la divisaient, avait débarqué à Honfleur avec six mille hommes d'armes et vingt mille archers. Mais, en présence du danger imminent de la patrie, la noblesse de tous les partis était accourue se ranger sous la bannière du connétable d'Albret, cousin du roi Charles VI. Le comte Guy habitait alors le château de ses pères, l'antique et imposant manoir de la Rocheguyon, où il avait conduit sa jeune épouse après la mort du sire de Rivière. Trop prudent et trop sage pour se mêler aux discordes civiles, dont il flétrissait hautement les excès, il vivait aussi heureux que ces temps de triste mémoire le permettaient. L'appel du connétable vint l'arracher à sa retraite et aux douceurs du foyer domestique. Il ne s'agissait plus de combattre des Français, des frères, mais les ennemis jurés du repos et de la prospérité de la France. Isabelle venait de donner le jour à un second fils, c'était un lien de plus pour retenir le comte au sein de sa famille ; mais le devoir l'emporta sur les sentiments de la nature, et la jeune femme au cœur vaillant ne s'efforça pas de le retenir. Son époux pouvait-il oublier, au sein de l'oisiveté, les dangers de la patrie ? Ils se séparèrent, hélas ! avec la douce espérance de se revoir.

L'armée du connétable se trouvait alors à Azincourt, campée sur le rivage de la petite rivière du Temois, où elle tenait en échec le roi d'Angleterre en s'opposant à son passage de Harfleur à Calais. Dans cette circonstance difficile, Henri fit des propositions qui ne parurent pas suffisamment avantageuses, et la bataille se livra. Elle fut acharnée, terrible. La noblesse française, à l'exception du duc de Bourgogne, qui s'était abstenu, y déploya des prodiges de valeur. Un instant on eut l'espérance de forcer le prince étranger à retourner sur ses pas, mais une trop grande impétuosité compromit le succès de cette journée. L'armée anglaise força le passage, abattant sous ses coups les guerriers français. Des nombreux seigneurs qui étaient accourus, bannière déployée, quelques-uns seuls échappèrent à la mort. Le comte Guy soutint un des derniers ce choc terrible, puis il tomba à son tour mortellement blessé. Deux de ses hommes d'armes l'emportèrent à l'écart pour qu'il pût rendre le dernier soupir loin de cette scène de carnage; il mourut entre leurs bras, leur parlant de sa femme bien-aimée, de ses enfants. Sur son cœur était resté un médaillon où se trouvait encadré le gracieux visage de la comtesse Isabelle. Les fidèles serviteurs cachèrent avec soin ce bijou précieux, pour le remettre à leur infortunée maîtresse. Dès que la châtelaine de la Rocheguyon apprit le désastre d'Azincourt, elle fut saisie d'une grande douleur.

« Mon cœur m'avertit, disait-elle en versant d'abondantes larmes, que cette journée si funeste à la France m'a ravi le meilleur des époux; le comte Guy dort parmi les braves, et je ne le reverrai qu'au ciel! »

Puis elle prenait ses enfants dans ses bras, les couvrait de baisers en murmurant : « Pauvres orphelins! »

Plusieurs jours se passèrent ainsi dans l'anxiété la plus cruelle. Les nouvelles se communiquaient avec peine dans un pays investi par la guerre. Le jour où les deux archers qui avaient rendu à leur maître les devoirs de la sépulture se présentèrent, à leur seule attitude la comtesse comprit que ses pressentiments ne l'avaient pas trompée. Mais, lorsqu'ils remirent entre ses mains le médaillon qu'elle avait offert naguère à son mari, elle fut vaincue par la douleur et tomba privée de sentiment.

. . . .

Pendant près d'un mois on craignit pour sa vie; mais à mesure que ses forces revinrent, la jeune femme résista avec énergie à sa douleur, se rappelant qu'elle était mère et qu'elle devait remplacer auprès de ses enfants le guide que la mort leur avait enlevé.

L'aîné se nommait Guy, comme son père, et, bien qu'il n'eût encore que six ans, on pouvait concevoir de lui les plus douces espérances; il adorait son frère Richard, et, avec une gravité touchante, il promettait à sa mère de le défendre contre tous les dangers.

La comtesse Isabelle, retirée volontairement du monde, se consacra donc tout entière à l'éducation de ses enfants et au bonheur de ses vassaux. Elle redoubla de piété et de charité, distribuant ses aumônes au nom de messire de la Rocheguyon, qui n'avait pu recevoir à sa mort les consolations de la religion et les sacrements de l'Église.

Mais à peine son deuil était-il expiré, que plusieurs seigneurs briguèrent sa main : les uns étaient attirés par la réputation de sa rare beauté et de ses vertus; les autres par la convoitise, car ses richesses étaient immenses. Parmi ces derniers figurait le sire le Bouteiller, qu'on soupçonnait, non sans motif, d'être l'allié caché des Anglais. La jeune châtelaine repoussa toutes ces propositions, et les prétendants s'éloignèrent, pleins d'admiration pour la noblesse de ses sentiments; seul le sire le Bouteiller persista. L'indignation d'Isabelle lui inspira alors cette énergique réponse :

« Comment avez-vous pu concevoir la pensée que j'échangerais le nom d'un brave gentilhomme mort pour son roi et son pays, contre le vôtre, chevalier félon, qui osez entretenir des relations coupables avec les ennemis de la France, qui vous prêtez à leurs intrigues crimi-nelles, et comptez élever votre fortune sur les ruines de notre pays?

Le perfide seigneur se retira confondu, mais la rage dans le cœur. Il jura à la jeune châtelaine une haine implacable, sans trêve ni merci. Nous verrons comment il tint sa promesse.

Cependant les années s'écoulaient, les événements se succédaient sans procurer à notre pays un instant de repos. Le duc de Bourgogne, assassin du duc d'Orléans, était tombé à son tour sous la hache vengeresse de Tanneguy du Châtel, serviteur du Dauphin. Le vainqueur d'Azincourt avait continué ses triomphes au milieu de notre pauvre France ruinée et trahie. Il s'était emparé de la Normandie, et Rouen, qu'avait refusé de soutenir le duc de Bourgogne, était tombé au pouvoir de l'ennemi après un siège long et meurtrier. Son héroïque défenseur, Alain Blanchard, avait eu la tête tranchée. La noblesse, comme le peuple, avait fait courageusement son devoir. Il y avait eu cependant, comme à toute époque néfaste, quelques défections à flétrir. Dans le petit nombre des gentilshommes qui arborèrent la croix rouge et déshono-rèrent leur race en facilitant à l'ennemi des intelligences

dans nos places, nous retrouvons le sire Pierre le Bouteiller, le prétendant refusé de la comtesse Isabelle. Pour
prix de sa trahison, ce seigneur félon avait été nommé
gouverneur de la Normandie pour le roi Henri V. Lorsque
cette nouvelle parvint au manoir de la Rocheguyon, elle
parut à la comtesse le présage des plus grands malheurs.
Elle se flatta toutefois que son ennemi l'avait peut-être
oubliée, mais cet espoir ne tarda pas à être déçu.

Le roi Henri, ne trouvant aucun obstacle à ses rêves
ambitieux, avait pris le titre de roi de France et fait
frapper monnaie à Rouen ; puis il avait exigé des seigneurs normands le serment de fidélité, et, sur leur
refus, il avait confisqué tous leurs biens. Ces actes arbitraires secondaient merveilleusement, comme on le voit,
les projets de vengeance du nouveau gouverneur. La
fière Isabelle allait être frappée sans doute du même
arrêt. Cependant quelque temps s'écoula sans que la
haine de Pierre le Bouteiller reçut une complète satisfaction. Une femme sans défense et de jeunes orphelins
ne portaient pas au roi Henri le même ombrage que ces
seigneurs dont l'influence et la bravoure lui créaient des
embarras toujours nouveaux. Les habiles insinuations de
Pierre le Bouteiller changèrent peu à peu ces dispositions
bienveillantes du prince. Un messager avertit la veuve du
comte Guy de se rendre à Rouen, accompagnée de son
fils aîné, afin de faire le serment de fidélité qu'elle devait
au roi d'Angleterre pour les terres et seigneuries dépen-
dantes de la suzeraineté du prince. Le messager dont le
roi se servit fut Pierre le Bouteiller lui-même. Le méchant
seigneur partit, accompagné d'une brillante escorte, éta-
lant sans rougir un luxe qui était une insulte nouvelle
aux habitants d'une province ruinée par l'ennemi. Le
pont-levis s'abaissa pour livrer passage au nouveau gou-

verneur de la Normandie. Pierre le Bouteiller fut introduit dans cette vaste salle où les portraits des glorieux
ancêtres des seigneurs de Rivière et de la Rocheguyon
reposaient depuis des siècles dans leurs cadres sculptés.
Tous avaient été fidèles à leur devise : « Rien ne me
flatte si l'honneur n'est au bout. » Aucun d'eux n'avait
failli à ce glorieux engagement. On les avait vus figurer
partout où il y avait des dangers à courir, des veuves et
des orphelins à défendre. Plusieurs portaient le signe de
ralliement des croisés. Le comte Guy, mort sur le champ
d'honneur, terminait cette suite de braves; on le reconnaissait à son visage fier et doux à la fois.

Un autre que Pierre le Bouteiller n'eût pu se défendre
d'un certain trouble et de quelque remords à la vue de
ces preux pour lesquels la présence d'un traître était
un affront. Mais la pensée du nouveau vassal d'Henri V
était ailleurs en ce moment. Il attendait avec une impa-
tience fébrile cette fière Isabelle de Rivière, qui l'avait
jadis repoussé; il allait enfin la voir à ses pieds, suppliante, vaincue, implorant sa protection pour elle et
pour ses enfants.

La porte s'ouvrit, la comtesse parut, plus belle et plus
majestueuse que jamais sous ses habits de deuil. Elle
tenait par la main son fils Guy. Celui-ci ressemblait
d'une manière frappante à son père; son regard, étince-
lant d'énergie et d'intelligence, révélait une âme déjà
forte dans un corps d'enfant.

Malgré les mauvaises dispositions de son cœur, Pierre
le Bouteiller subit un instant le charme que la jeune
châtelaine répandait autour d'elle sans le savoir. Il bal-
butia, et ce fut la comtesse qui dut l'inviter à exposer le
sujet de sa visite inattendue. Cette invitation était faite
en termes glacials; elle ne laissa rien subsister du faible

espoir qu'avait conçu le déloyal gentilhomme, et le rendit à tous ses mauvais sentiments.

« Madame, dit-il avec assurance, je suis chargé par le roi Henri, notre nouveau sire, de recevoir le serment de fidélité qu'il est en droit d'exiger de vous pour les terres et seigneuries dont vous lui devez hommage, tant pour vous que pour vos enfants. »

La comtesse Isabelle jeta sur l'audacieux messager un regard écrasant de mépris, et, avant de répondre, elle se dirigea, tenant toujours par la main son jeune fils, vers le portrait du comte de la Rocheguyon.

« Monseigneur, dit-elle, si vous étiez céans, il ne se fût trouvé ni en France ni en Angleterre un homme assez téméraire pour vous tenir ici ce langage. Mais, puisque vous êtes tombé en défendant votre roi et votre pays, vous ne pouvez aujourd'hui protéger ceux qui vous sont chers. Cependant ne craignez point, ni vous ni les vôtres, tous braves et honnêtes gentilshommes que vous êtes ; non, ne redoutez nulle faiblesse de la part de la femme à laquelle vous avez confié l'honneur de votre nom. Je vous réitère la promesse que nulle menace ne m'arrachera un serment que votre loyauté réprouve.

— Il ne sera peut-être pas superflu de vous apprendre, dit Pierre le Bouteiller avec un méchant sourire, à quoi vous engagent ces belles et généreuses promesses faites à votre époux défunt. Sachez donc que le refus du serment de fidélité entraîne la confiscation de tous vos biens. »

La comtesse tressaillit malgré elle ; la confiscation de ses biens, c'était la ruine, la misère, non seulement pour elle, mais pour ses enfants. Cette sombre perspective n'arrêta point toutefois sa résolution. Elle se tourna vers son fils :

« Guy, lui dit-elle, vous avez entendu les menaces de cet homme; elles vous disent assez ce que vous et moi avons à attendre du courroux du roi d'Angleterre. Il nous faudra quitter ce château où reposent vos ancêtres,

Rouen au moyen âge.

abandonner nos vassaux qui nous aiment, les terres qui nous ont été léguées par les illustres familles de Rivière et de la Rocheguyon; il nous faudra tout abandonner à des étrangers et vivre de privations. Il vous faut faire un sacrifice immense ou renier votre roi et ternir votre blason par cet acte de félonie. »

Bien qu'il fût très jeune encore, Guy avait entendu bien souvent parler de l'honneur de sa race, dont il connaissait déjà l'histoire, et puis le sang du valeureux seigneur de la Rocheguyon coulait dans ses veines; aussi, se redressant avec fierté, il répondit au messager :

« Votre maître nous prendra notre château et nos terres; il nous chassera d'ici parce que ma mère est veuve et que je suis petit; mais dites-lui bien que lorsque Guy sera grand, il prendra les belles armes de son père et il se battra contre les Anglais jusqu'à ce qu'ils rendent tout ce qu'ils ont pris. »

La comtesse Isabelle pressa tendrement son fils dans ses bras, et le légitime orgueil qu'elle ressentit d'un si noble langage lui fit oublier un instant les dangers qu'elle courait.

« Il faut bien que le louveteau tienne de la louve, murmura avec rage Pierre le Bouteiller.

— Vous n'avez plus rien à faire ici, Messire », dit avec dignité la châtelaine, et, reprenant la main de son fils, elle sortit de la salle.

Le chevalier félon se retira la rage dans le cœur, se promettant de punir bientôt un courage si rare.

Cependant Henri, qui se piquait d'une certaine courtoisie, hésitait encore à poursuivre sans pitié une femme et deux jeunes enfants, et cela aux yeux de la noblesse des deux royaumes. Mais le démon de la haine et de la vengeance inspirait si bien Pierre le Bouteiller, que la voix de la clémence cessa peu à peu de se faire entendre dans le cœur du roi; l'arrêt de confiscation fut signé, et le gouverneur de Rouen fut chargé, à sa grande satisfaction, d'en assurer la prompte exécution.

Il s'apprêtait à reparaître au manoir de la Rocheguyon, plus implacable que jamais; mais Dieu, qui se

rit des desseins des méchants, refusa à Pierre le Bouteiller la joie de ce coupable triomphe. Il fit une chute
de cheval qui le retint longtemps au lit; peu s'en fallut
qu'il ne passât de vie à trépas. Cette douloureuse maladie, au lieu de l'amender, augmenta encore sa haine
contre tout ce qui était resté honnête autour de lui. La
pensée que la comtesse Isabelle se trouvait encore en
possession de ses biens le tourmentait cruellement;
aussi se décida-t-il à lancer l'arrêt dont il ne pouvait
surveiller lui-même l'exécution ; ce fut un Anglais qu'il
chargea de ce soin. Mais on l'a dit avec raison : « Mieux
vaut regarder en face un ennemi qu'un traître. » Lord
Raglam se montra aussi humain que Pierre le Bouteiller
avait été cruel, aussi respectueux qu'il avait été rude.
L'attitude pleine de dignité de la comtesse, la raison précoce de son jeune fils, les grâces charmantes du petit
Richard, la désolation des serviteurs et des vassaux, tout
lui inspirait une profonde estime pour ceux qu'il venait
dépouiller. Tous les pieux souvenirs que l'illustre veuve
voulut conserver furent laissés à sa disposition, ainsi que
ses bijoux, ses papiers, son argenterie. Dans l'ordre royal
ne se trouvait comprise que la confiscation des châteaux,
des terres, qui composaient le domaine des seigneurs de
Rivière et de la Rocheguyon, les deux plus beaux fiefs de
la Normandie. Pour le reste, toute facilité fut laissée à la
comtesse. Ce fut néanmoins pour elle une grande douleur
que de quitter ce manoir, auquel la rattachaient tant de
souvenirs. Elle supporta toutefois ce malheur avec un
rare courage, et fut la première à consoler tous ces pauvres gens, accourus de tous les côtés, pour recevoir ses
adieux. Un nombreux et touchant cortège l'accompagna
jusqu'à la frontière de la province dont elle et ses enfants
étaient bannis.

Lord Raglam ne s'était point opposé à cette manifestation, qui lui avait paru toute naturelle. Lorsque Pierre le Bouteiller apprit la conduite qu'il avait tenue dans cette circonstance, il entra dans une grande fureur, adressa au roi les plaintes les plus énergiques, qui attirèrent sur le jeune lord le courroux du souverain ; une complète disgrâce fut la récompense de cet acte d'humanité.

Pendant que l'illustre veuve donnait au monde cet exemple admirable de fidélité et de désintéressement, une autre femme, d'une naissance encore plus élevée, scandalisait l'Europe entière par ses manœuvres coupables. Au mépris de ses devoirs d'épouse et de mère, Isabelle de Bavière discutait froidement les conditions honteuses de ce traité de Troyes, par lequel elle reconnaissait comme successeur du roi en démence, et comme époux de sa fille, Henri V, ce redoutable ennemi de la France.

. . . .

Un modeste asile cacha longtemps au monde auquel elle appartenait par sa naissance la comtesse Isabelle ; mais de cette solitude où elle avait enseveli sa jeunesse se répandit la renommée de ses vertus. Elle faisait le bien avec tant de grâce, elle s'était conservée si digne dans le malheur, que la croyance populaire en fit un être providentiel. Dans un temps où la tyrannie s'unissait à la misère pour accabler de maux ce pauvre peuple attaché à la glèbe, il était bien naturel que ces opprimés missent au-dessus de la condition humaine ceux qui lui tendaient une main secourable. Les fils du comte Guy accompagnaient leur mère dans ses visites de charité, et chacun admirait la grâce de leurs manières et la charmante expression de leurs visages.

Un fléau pire que la peste, pire que la famine et que la guerre, vint s'abattre un jour sur le pays voisin de celui où la comtesse s'était réfugiée. Une garnison, composée de courageux capitaines ayant appartenu au comte d'Armagnac, défendait contre le roi Henri la ville de Meaux. Les paysans des environs, qui souffraient des contributions imposées par les Anglais, auraient dû être protégés par les Français qui commandaient la garnison; malheureusement il n'en était pas ainsi. On se battait pour son parti ou pour celui du roi, mais en attendant on pillait et ravageait les campagnes absolument comme si on eût été en pays ennemi. Un de ces hommes d'armes acquit alors une triste célébrité par des actes de cruauté dont le seul souvenir donne le frisson; il se nommait le sire de Vaurus. C'était un vaillant homme de guerre, qui à lui seul valait dix capitaines; mais, aux yeux de la charité, c'était un monstre au cœur de tigre, un mécréant qui se riait également de Dieu et de ses semblables. Quand il avait besoin de vivres et d'argent, il s'élançait sur son cheval noir, formé aux plus durs exercices; le coursier semblait fendre l'air, portant son sinistre cavalier qu'on eût pris pour Satan lui-même. Il parcourait ainsi les campagnes, où sa seule présence répandait la terreur. Malheur au paysan qui tombait en son pouvoir! Il le prenait en croupe malgré les supplications de sa famille désolée, l'amenait à Meaux, et ne le rendait qu'après avoir reçu une forte rançon. Si sa femme et ses enfants ne pouvaient payer cet impôt écrasant, le cruel capitaine faisait pendre son prisonnier à un arbre que ses nombreuses exécutions avaient rendu célèbre sous le nom de l'Orme de Vaurus. M. de Barante consigne dans son *Histoire des ducs de Bourgogne* un fait qui excite l'indignation et l'horreur :

Un jeune laboureur fut enlevé à sa charrue par le cruel gentilhomme; il n'était marié que depuis un an, et sa jeune femme vint se jeter, tout éplorée, aux pieds du tyran; mais celui-ci rit de ses larmes et déclara qu'il ferait pendre son prisonnier, si sous trois jours il ne recevait pas la rançon qu'il avait imposée. La pauvre femme laissa à son mari l'espérance qu'il allait bientôt la revoir; mais la misère était si grande que, quels que fussent son courage et sa diligence, elle ne put revenir à Meaux que huit jours plus tard. Elle arriva toute palpitante d'espoir et de crainte, déposa entre les mains du tyran la rançon, si péniblement amassée, et demanda qu'on la conduisît aussitôt près de son mari.

« Tu le reverras sous l'Orme de Vaurus », lui dit un des soldats qui la conduisaient.

La pauvre femme, affolée, s'évanouit. Quand elle revint à elle, elle accabla des reproches les plus véhéments le bourreau de son mari.

Le cruel capitaine, auquel ces paroles furent rapportées, fit attacher à l'arbre la malheureuse femme, qui se trouva abandonnée, la nuit, dans ce sinistre lieu, d'où les corps des deux suppliciés pendus la veille n'avaient pas encore été enlevés. On ne peut penser sans frémir à la terreur de la pauvre créature; elle jetait des cris déchirants, mais personne ne venait à son secours dans la crainte de partager son sort. Le lendemain, on ne trouva au pied de l'arbre que quelques restes sanglants de l'infortunée; des loups affamés l'avaient dévorée.

Le bruit des crimes épouvantables commis par le sire de Vaurus vint troubler dans sa solitude, la comtesse Isabelle. Aussitôt son cœur s'en émut, et elle résolut de tout tenter pour venir en aide à ces malheureux.

Elle se rappela avoir vu chez son père, alors qu'elle était tout enfant, un jeune page au visage sombre, à la voix brève et rude ; il portait le nom de Jean de Vaurus, et était devenu le terrible capitaine qu'on pouvait considérer comme un autre fléau de Dieu. Le comte de Rivière l'avait jadis traité avec bienveillance.

Si ce grand coupable se souvient des bienfaits dont il fut comblé, se dit la bonne châtelaine, je gagnerai la cause des pauvres gens ; mais j'ai grand'peur qu'il ne se les rappelle point.

Elle lui écrivit une lettre touchante, qu'elle confia à un fidèle messager ; cette lettre était ainsi conçue :

« A Messire Jean de Vaurus,

« Votre nom, que j'ai entendu prononcer si souvent dans la maison de mon père, répand aujourd'hui l'effroi dans toute notre contrée. C'est un grand malheur que le plus vaillant homme de guerre de notre temps ternisse ainsi la gloire qui reviendrait à son courage. Ne vous est-il jamais venu à la pensée, Messire, que les gémissements des veuves et des orphelins que vous avez faits parviendraient enfin au trône du Tout-Puissant? Et si vous ne vous amendez, ne craignez-vous point que le courroux céleste ne vous réserve une fin aussi malheureuse que celle à laquelle vous avez injustement condamné les autres? »

Ce langage énergique eût attiré infailliblement sur la veuve de Guy de la Rocheguyon de nouveaux malheurs, si le sire de Vaurus ne se fût rappelé les moments heureux qu'il avait passés auprès du comte de Rivière. Cette jeune femme qui osait lui reprocher ses crimes était la fille du seul protecteur qu'il se fût connu. Il ne répondit point à cette lettre, mais il restreignit l'espace où s'exerçaient ses brigandages : le loup sembla s'être retiré dans sa tanière, et l'on cessa d'entendre parler de lui dans les campagnes voisines de l'habitation de la comtesse. Quant à s'amender complètement, il n'y pensait guère. La lutte terrible engagée contre le roi d'Angleterre était son seul souci et celui de ses compagnons d'armes. Le siège traînait en longueur, et Henri V, furieux d'une telle résistance, mit en œuvre tous les moyens d'attaque; la garnison tenait toujours. Il vint un moment où, à bout de ressources, il fallut céder enfin. Elle se rendit à discrétion. Le vainqueur, irrité, se montra peu magnanime. Les principaux chefs furent condamnés à mort; à leur tête était le sire de Vaurus. On songea à lui infliger le supplice qu'il avait fait subir à tant d'infortunés; il fut pendu à l'orme qui avait reçu de lui une si triste célébrité. Le cœur de l'inflexible capitaine eut-il à l'heure suprême un retour vers le Dieu qui venge les opprimés et les faibles? Nul ne pénétra le secret de cette agonie, dont le Ciel fut le seul témoin.

Peu après, le roi Henri V descendit dans la tombe, laissant deux couronnes à son jeune fils. A peine avait-on procédé à la pompe de ses funérailles, que Charles VI mourut à son tour, presque seul, à l'hôtel Saint-Paul, où il avait été relégué. Ce pauvre roi en démence était resté pour son peuple un objet de vénération et de pitié.

A la mort de son père, le Dauphin avait été proclamé sous le nom de Charles VII. Ce jeune prince, que les Anglais appelaient par dérision le roi de Bourges, ne se trouvait point en mesure de lutter avec avantage contre de puissants ennemis; mais il avait autour de lui des hommes vaillants et fidèles, qui s'efforçaien de l'arracher au plaisir, pour lequel il oubliait trop souvent les intérêts de sa gloire et de son royaume. Le connétable de Richemont, La Hire, Xaintrailles, l'intrépide comte de

Mort de Jeanne d'Arc.

Dunois, étaient autant de sentinelles attentives à profiter des moindres négligences commises par des ennemis qui ne pouvaient combattre avec de fortes armées.

Sept ans s'écoulèrent ainsi entre des vainqueurs superbes et un jeune roi qui perdait joyeusement,

comme le disait le brave la Hire, les meilleures places
de son royaume. Puis vint le moment d'une crise suprême : Bedford fit attaquer Orléans par une armée
formidable ; la prise de cette ville devait porter un dernier coup à la dynastie des Valois. Malgré l'héroïsme de
ses habitants, la courageuse cité eût succombé, si Dieu
n'eût envoyé à son secours la jeune bergère de Waucou-
leurs. Jeanne d'Arc parut, forte de sa foi et de sa confiance
en la mission que les voix célestes lui avaient révélée.
On connaît dans ses moindres détails cette touchante
histoire, qui nous émeut encore aujourd'hui.

La présence de la guerrière inspirée change les destinées de la France. Orléans, que les Anglais assiégeaient
depuis sept mois, est délivré en huit jours. Une armée
enthousiaste accompagne les pas de l'héroïne, qui fait
sacrer à Reims le jeune roi, ainsi qu'elle l'avait promis.
Après ces étonnants succès, Jeanne, blessée au siège
de Compiègne, tombe au pouvoir des Anglais, et termine
par le martyre la mission qu'elle tient de Dieu. Oubliée
de son roi, insultée par ses ennemis, la vierge de Vau-
couleurs expire sur un bûcher, et ses cendres sont jetées
au vent. Mais Jeanne morte reste encore pour les Anglais
un terrible adversaire ; l'horreur de son supplice soulève
partout en France un cri d'indignation et excite encore
la haine contre le gouvernement d'Henri VI. Charles VII
rougit de sa coupable indifférence, qu'il essaye de se faire
pardonner en déployant une ardeur depuis si longtemps
attendue. Il se met lui-même à la tête de ses armées et
ajoute aux succès de Jeanne de nouveaux succès. Une
trêve signée entre les deux royaumes permet enfin à la
France de respirer.

. . . .

Du fond de son humble retraite, la comtesse Isabelle

avait suivi le cours de ces événements. Ses enfants avaient grandi : l'aîné, le jeune Guy, était allé se ranger sous la bannière du roi dès qu'il avait été en âge de combattre ; quelques années plus tard son frère Richard l'avait rejoint. Après avoir fait le sacrifice de ses biens, l'illustre veuve avait consenti à faire celui de ses enfants. Dieu lui conserva ces êtres si chers et lui accorda la joie de les revoir pendant la paix momentanée conclue entre les deux royaumes. Mais, l'Angleterre ayant rompu la trêve, la guerre recommença, et les deux frères suivirent le brave Dunois, qui cherchait à délivrer la Normandie, ce pays si cher à leur cœur. L'héroïque province fut arrachée aux Anglais ; Pierre le Bouteiller, qui n'avait cessé d'exercer sur elle la plus dure tyrannie, fut pris et pendu comme traître ; le riche domaine de la Rocheguyon fut alors rendu à ses légitimes possesseurs. La comtesse Isabelle y fut réinstallée avec ses fils, et son retour y causa la plus vive allégresse.

Le Ciel accorda à notre héroïne une vieillesse heureuse et honorée : deux jeunes femmes, de beaux enfants embellirent ses derniers jours ; sa mort fut digne de sa vie, et sa mémoire se conserva longtemps dans le cœur de ses fidèles vassaux.

LAS CASAS

L'APÔTRE DE L'INDE

Chez un vieil ami de notre famille, modeste desservant d'une petite commune de l'Angoumois, j'avais remarqué, étant encore enfant, deux beaux tableaux dus au pinceau du même peintre. Le premier représentait un ministre du Seigneur, au visage intelligent et doux : sur sa longue robe de missionnaire brillait la croix pastorale; des hommes au costume étrange l'entouraient; quelques-uns d'entre eux étaient agenouillés et semblaient embrasser avec amour la main qu'il leur tendait. Des femmes échevelées élevaient vers lui des regards suppliants. Dans le second tableau, le même prélat, affaibli par l'âge et la maladie, recevait d'une jeune femme assise près de son lit de souffrance le lait réparateur destiné à prolonger ses jours. Le peintre avait su conserver au visage de l'apôtre chrétien cette expression d'angélique douceur qui émeut, qui touche les âmes. Ce pieux missionnaire, dont une heureuse inspiration rappelait le touchant souvenir, était Las Casas, l'évêque de Chiapa, le généreux défenseur des Indiens opprimés.

Le nom de Las Casas a traversé les siècles comme un symbole d'ardente charité, de dévouement sublime. Rappeler les principaux traits de cette belle vie, c'est offrir à la jeunesse l'édifiant exemple de la vertu inspirée par la religion.

Ce fut sous le ciel de l'Andalousie, à Séville la Belle, que Las Casas vint au monde. Son père, Antonio, était l'ami de Christophe Colomb, dont il partagea les premiers périls et suivit la fortune. A la suite du navigateur génois, Antonio s'était embarqué au port de Palos et avait vu successivement apparaître ces terres inconnues qui réalisaient enfin les espérances d'un homme de génie. L'ami de Colomb avait laissé à Séville son jeune fils, alors âgé de dix-huit ans, faisant ses études de théologie et de philosophie dans un couvent de dominicains, dont il embrassa l'ordre après avoir pris ses degrés de licencié. Ce fut alors que son père obtint qu'on l'envoyât auprès de lui. Le jeune disciple du Christ toucha donc cette terre nouvelle à laquelle Christophe Colomb avait donné le nom d'Hispaniola, et qui porte aujourd'hui celui de Haïti.

Dès son arrivée dans cette île, Barthélemy de Las Casas se sentit pris d'une généreuse pitié pour les malheureux indigènes, victimes de la cupidité de leurs conquérants. En quelques jours, il a compris les excès de la tyrannie, les souffrances des opprimés, et désormais il n'aura plus qu'une pensée, qu'un but : ce sera de faire entendre la voix de l'humanité aux Espagnols, et de parler aux persécutés une langue nouvelle, celle de la pitié, de l'amour. Toute sa vie sera désormais consacrée à ce glorieux apostolat !

Il commence par former, avec les autres dominicains établis dans l'île, une sainte ligue qui a pour objet de défendre le faible contre le fort, l'opprimé contre l'oppresseur. On connaît la douloureuse histoire des mesures violentes exercées contre un peuple inoffensif qui avait

tout d'abord accueilli les Européens comme des êtres
surnaturels. L'Espagne elle-même a flétri ces cruautés
inouïes. Elle les désavoue, en déclarant que ceux qui
avaient suivi Christophe Colomb dans sa périlleuse entreprise n'appartenaient point, pour la plupart, à la classe
éclairée et honnête de la nation. La plus grande partie
de l'équipage se composait d'aventuriers, d'hommes
déclassés, que la soif de l'or entraînait loin de la patrie.
Déjà, pendant la traversée, ils s'étaient révoltés contre
leur chef et avaient fait entendre des cris de fureur et des
menaces de mort. Les quelques amis que le navigateur
génois comptait à son bord eussent été impuissants à le
défendre, si la terre qui se découvrait aux regards de ces
hommes violents et grossiers n'eût apaisé leur colère en
réveillant leur cupidité.

Pendant que Colomb, Antoine de Las Casas, don Pèdre,
leur ami, remerciaient Dieu du succès de leur entreprise,
leurs compagnons avides parcouraient l'île, spéculant
sur les ressources qu'elle pouvait leur offrir. Une de
leurs premières prétentions fut de demander une partie
de cette terre qu'ils étaient venus chercher si loin ; la
seconde fut de réclamer, contrairement au droit des
gens, une quantité suffisante d'indigènes chargés de faire
rendre au sol ses richesses.

Saisi d'une généreuse indignation, Barthélemy de Las
Casas combat cette exigence aussi injuste que cruelle.
« Mon père, dit-il à Antonio, intercédez en faveur de ces
malheureux dont on veut faire des esclaves. Colomb a
seul le droit de commander ici au nom du roi ; qu'il se
montre, qu'il fasse comprendre ses devoirs à cette foule
chez laquelle la soif de l'or éteint tout sentiment de
loyauté, de justice. »

Mais c'est en vain que Colomb proteste ; on ne lui

répond que par les murmures les plus audacieux, et l'on procède malgré lui au partage des Indiens, dont on se dispute la possession avec acharnement, sans avoir égard aux liens sacrés de l'amitié et de la famille. On sépare l'époux de l'épouse ; les enfants de leurs mères ; les vieillards sont seuls abandonnés à leurs infirmités, à leurs souffrances ; on leur enlève impitoyablement les soutiens de leurs jours avancés. Les Espagnols se rient de la douleur de ces infortunés.

« Vous sembliez douter qu'ils eussent un cœur, s'écrie Las Casas ; le nierez-vous encore en présence de leurs larmes et de leur désespoir? Ah ! respectez en eux l'image de Dieu. » Mais le partage continue avec la même insensibilité. Un pauvre petit enfant allait être arraché du sein de sa mère et foulé aux pieds comme un être inutile, incommode même. Le pieux missionnaire se précipite.

« Arrêtez, dit-il, le ministre du Seigneur a droit comme vous au partage : je revendique cet enfant et sa mère. »

On n'ose opposer un refus à cette juste réclamation. Les deux infortunés sont adjugés au pasteur, ainsi que le vieillard éploré qui avait failli perdre à la fois sa fille et son petit-fils. Les dominicains, à l'exemple de Barthélemy, en sauvent ainsi le plus qu'ils peuvent ; mais, hélas ! c'est le plus petit nombre. Les Indiens, traités en esclaves, sont employés aux durs travaux des mines ; habitués à une vie douce, indolente même, ils dépérissent à vue d'œil, sans exciter la compassion de leurs bourreaux. C'est en vain que Las Casas leur dit :

« Lorsque vous avez pris possession de l'île, on y comptait un million d'habitants ; vos mauvais traitements et le travail meurtrier auquel vous les assujettissez auront bientôt réduit ce nombre des deux tiers. »

Colomb veut, de son côté, réprimer les violences de ses compatriotes : il n'obtient aucun succès.

Albuquerque, l'un d'eux, le dénonce à la cour comme voulant soustraire Hispaniola à la domination de ses souverains, Ferdinand le Catholique et Isabelle. Cette

Christophe Colomb.

calomnie est accréditée auprès du roi par les envieux ; le grand homme est rappelé et remplacé par un tyran, Bovadilla, qui ne rougit pas de faire charger de fers Christophe et son frère et de les renvoyer ainsi en Espagne.

En prenant le commandement de l'île, Bovadilla semble s'être promis d'autoriser toutes les violences, de permettre toutes les persécutions. A la vue de tant de maux, Las Casas, infatigable dans son zèle et dans sa charité, adresse au tyran des reproches sévères.

« Vous allez faire de cette île une immense solitude, lui dit-il, et vous aurez à répondre devant Dieu de tous les crimes que vous laissez commettre. »

Puis il se multiplie pour porter des consolations aux opprimés ; on le rencontre partout, sur la montagne la plus escarpée comme dans la gorge la plus profonde. Les Indiens, touchés de sa bonté, le prennent pour un dieu et le saluent du doux nom de père. Il leur parle du ciel et les initie aux premières connaissances de la religion.

Un jour, un Espagnol ayant osé en sa présence fendre la tête à un Indien que la fatigue empêchait de continuer son pénible travail, le pieux missionnaire ne peut plus y tenir.

« Je pars pour l'Europe, dit-il à ces malheureux ; je vais plaider votre cause auprès des princes auxquels on laisse ignorer tant de crimes, et j'espère vous rapporter la paix avec la liberté. »

Avant de monter sur le vaisseau qui doit le ramener en Espagne, il reçoit les touchants adieux des Indiens, qui tremblent de ne plus le revoir. Il part plein d'espérance, et il expose devant la cour les intérêts des conquérants et ceux des indigènes avec tant de simplicité et de clarté, que Ferdinand et Isabelle lui promettent leur puissant concours. Las Casas n'oublie point l'ami de son père, le vertueux Colomb ; il dissipe les préventions, il confond la calomnie ; l'innocence du grand homme est reconnue, et il est rendu à la liberté, tandis que Bova-dilla reçoit à son tour l'ordre de venir rendre compte de sa conduite. Le tyran s'éloigne de l'île, la rage dans le cœur. Mais, dans l'espérance d'apaiser les mécontentements, il prend la précaution de faire charger vingt navires de tout l'or qu'il a fait extraire des mines; il ne doute point que ces immenses richesses ne plaident plus éloquemment sa cause que la plus haute vertu. Dieu ne lui laissa pas le temps de corrompre ses juges : à peine a-t-il quitté le rivage, qu'une tempête effroyable l'engloutit avec son vaisseau et ses navires chargés d'or. « Jamais, dit un historien du temps, on ne vit l'Océan engloutir en un jour tant de richesses ni un si méchant homme. »

Las Casas revient sur le même navire qui amène en Amérique le nouveau gouverneur, Nicolas Ovando, intéressé par lui au sort des pauvres insulaires. Désormais ceux-ci vont être affranchis des durs travaux qui compromettent leur vie : ils ne seront plus contraints de quitter leurs cabanes, leurs familles, de laisser leurs terres incultes pour se rendre, à travers les déserts, au lieu où un colon impitoyable leur a assigné une place. On commence, en effet, à mettre en activité ces sages mesures, et déjà le vertueux Las Casas se réjouit dans son cœur de l'heureux succès de son voyage. Mais ces flatteuses espérances s'évanouissent, et le pieux missionnaire ne tarde pas à s'apercevoir que peu à peu les colons reviennent aux mêmes exigences, aux mêmes excès. Il s'en plaint au gouverneur, qui promet de faire droit à ses réclamations, mais qui laisse les abus subsister, en s'efforçant de dissimuler les mauvais penchants de son cœur. Nicolas Ovando, prévenu contre les malheureux Indiens, ne cesse de les calomnier, en secret, auprès de la reine Isabelle et de son époux. Il parvient ainsi à éteindre dans le cœur des souverains les sentiments de pitié généreuse que Las Casas y avait fait naître. Devenu l'arbitre du sort de ces malheureux, Nicolas Ovando les abandonne avec une cruelle indifférence à la merci de leurs oppresseurs. Aux anciens excès sont ajoutées des cruautés inouïes. Les insulaires, fuyant ces maîtres terribles, se réfugient dans les montagnes. Prévoyant leur triste sort, Las Casas se dirige vers les lieux arides qui leur servent de retraite. Il les conjure de se rendre, pour s'épargner de plus grands maux ; les uns obéissent à sa voix et viennent reprendre leurs lourdes chaînes, les autres s'obstinent à rester dans les antres qui leur servent d'abris. Mais ils ne tardent pas à y être découverts par leurs implacables ennemis.

Il se fit des révoltés une affreuse boucherie qu'on renonce à dépeindre ; il suffira de dire que ce combat ne fut qu'un jeu cruel où les plus forts mirent un plaisir barbare à exercer sur les plus faibles leur adresse et leur habileté, comme si ces hommes peu formés aux tactiques de la guerre n'eussent point été des créatures formées à l'image de Dieu.

Quand ils furent fatigués de ces exercices monstrueux, les Espagnols s'emparèrent des principaux de la nation, les étendirent sur un échafaud soutenu par des fourches, et allumèrent en dessous un feu destiné à brûler lentement ces malheureux, qui expirèrent dans d'horribles tortures.

A la nouvelle de ces nouveaux crimes, Las Casas verse d'abondantes larmes en embrassant avec amour le Crucifix qui représente l'immolation du Dieu des chrétiens. « La pensée des droits odieux que l'homme veut s'arroger sur son semblable m'ôte tout repos, dit le généreux apôtre à ses frères les dominicains. Le roi Ferdinand est responsable des crimes qui se commettent en son nom, et j'ai hâte de l'en instruire. »

Il s'embarque de nouveau pour l'Europe. Dans cette seconde traversée le bateau qu'il monte est assailli par deux tempêtes : deux fois sa vie est menacée, et la seule crainte qui l'obsède, c'est de ne pouvoir remplir la mission qu'il s'est donnée. Enfin il arrive à Madrid, où règne la plus grande agitation, car le roi Ferdinand est gravement malade. Las Casas n'en persiste pas moins dans son généreux dessein. Pour être admis auprès du mou-

Le cardinal Ximénès.

rant, il fait parvenir ces quelques mots, où perce l'autorité de l'homme pénétré de la justice de sa cause :

« Un ministre du Seigneur vient demander la réparation d'une grande injustice au roi, qui va paraître devant Dieu. »

Ces paroles ont troublé l'âme de Ferdinand, et c'est en vain que les grands qui l'entourent s'opposent à l'entrée de ce visiteur étrange, qui ne craint pas de rappeler au souverain qu'il est mortel. Ferdinand fait signe au cardinal Ximénès d'introduire l'inconnu. On lui demande son nom :

« Annoncez, dit-il, le père des Indiens persécutés. »

Il entre dans l'appartement royal, et chacun est saisi à sa vue d'étonnement et de respect. Le cardinal fait éloigner les courtisans, et reste le seul témoin de cette entrevue suprême. Las Casas est entré plutôt comme un juge que comme un suppliant ; mais, à la vue des traits altérés du roi, il reconnaît que la mort a déjà touché de son aile ce grand de la terre, il s'émeut à la pensée du compte rigoureux que le souverain va rendre au tribunal de Dieu. Sa voix s'est adoucie, il ne condamne pas, il prie, il invoque les droits sacrés de la justice et de l'humanité.

« J'ai de nouveau traversé les mers, dit-il, pour obtenir de Votre Majesté l'ordre d'affranchir désormais les Indiens des réquisitions cruelles imposées par les colons. Ce peuple nous abandonne ses richesses, laissons-lui la liberté qu'il tient de Dieu.

— Je déplore ces abus, répond le monarque, et je m'engage à réparer les maux qu'ils ont fait naître ; mais attendez, mon père, que le Seigneur, prenant en pitié mes souffrances, me rende à la santé, à l'administration de mon cher royaume. »

Le cardinal et le missionnaire échangent un regard : ni l'un ni l'autre ne partagent les illusions du souverain. Quelques jours seulement, en effet, s'écoulèrent entre cette entrevue avec le roi d'Espagne et la mort du prince. Ferdinand le Catholique était descendu dans la tombe après un règne glorieux. Il avait accompli de grandes choses, mais il eût laissé un plus beau souvenir dans l'histoire, si la loyauté n'eût pas été exclue de ses actes politiques. Il laissait pour son successeur un jeune prince de seize ans, Charles V, dit Charles-Quint, et pour régent du royaume jusqu'à l'arrivée du nouveau roi, le cardinal Ximénès, archevêque de Tolède. Ce ministre habile n'avait pas moins, à cette époque, de quatre-vingts ans; cependant il tint d'une main ferme les rênes de l'État et sut, en étouffant diverses révoltes, conserver le trône au petit-fils de son souverain. Ses grandes préoccupations ne l'empêchèrent point toutefois d'étudier les intérêts que Las Casas était venu défendre; il accorda au missionnaire une commission investie de toute l'autorité nécessaire pour décider cette grave question. Les premiers actes des surintendants donnèrent au généreux défenseur les plus douces espérances; les abus furent réprimés, les répartitions cessèrent. Mais bientôt les colons les plus influents mirent tout en œuvre pour changer les dispositions bienveillantes des membres de la commission.

Qui pourra extraire des mines les immenses richesses qu'elles renferment? Qui cultivera ces champs sous l'ardeur d'un soleil brûlant? Il faut, ou renoncer à la conquête, ou contraindre au travail ces sauvages qui s'enfuient sur leurs montagnes pour échapper aux bienfaits de la civilisation et de la religion. Les surintendants se laissèrent persuader; ils conclurent qu'on ne pouvait se passer du travail obligatoire des naturels, que par conséquent il était impossible de leur rendre la liberté, mais qu'on adoucirait leur esclavage.

« Vaines paroles! vaines promesses! s'écrie avec véhémence Las Casas, le système de vos répartitions injustes fait retomber l'Indien dans un état de misère et de souffrance, qui lui sera d'autant plus pénible à supporter, que vous lui aviez fait espérer la fin de ses maux. »

Ce langage énergique ne touche point les cœurs des surintendants, séduits par les promesses des planteurs. Quant à ceux-ci, irrités de la persévérance que met le missionnaire à leur reprocher leur tyrannie, ils songent à s'en débarrasser par un crime. Mais un esclave a entendu leur complot, et, bravant la mort pour sauver son défenseur, il fuit la nuit l'habitation de son maître, et arrive haletant, épuisé de fatigue, à la demeure de Las Casas. Il tombe aux genoux du missionnaire. « Fuis, mon père, lui dit-il, mets la montagne et la mer entre toi et les méchants qui ont voulu te faire mourir. »

Las Casas relève le malheureux et l'embrasse.

« Je fuirai, répond-il, car j'ai promis de consacrer ma vie au salut de tes frères, et ma tâche est loin d'être terminée ; un crime en arrêterait le cours. Quant à toi, qui as tout bravé pour me prévenir, tu étais mon frère devant Dieu, aujourd'hui tu deviens mon ami le plus cher. As-tu laissé là-bas une femme, des enfants ?

— Hélas ! les cruels nous ont séparés. Lors de la dernière répartition, Manouma fut donnée à un colon de l'extrémité de l'île. Depuis, Telesco ne l'a point revue, et la vie ne peut être pour lui qu'un fardeau.

— Le Dieu que je t'apprendrai à connaître est un Dieu clément ; il m'aidera à découvrir ta jeune compagne ; conserve donc l'espérance de la revoir.

— O mon père, on me l'avait bien dit que vous êtes aussi bon pour nous que les autres sont durs et impitoyables. Mais je vous quitte, le maître s'est aperçu peut-être que Telesco manque à son troupeau, et il songe déjà à diriger contre lui une meute tout entière. »

Ce langage expressif frappa le missionnaire.

« Voilà donc, murmura-t-il, les hommes que l'on représente comme des êtres incapables de comprendre les bienfaits de la civilisation ! La douceur est le fond de leur nature généreuse ; on les eût conquis par la bienveillance. »

Puis, se tournant vers l'Indien, il lui dit :

« Tu ne retourneras pas vers ton maître ; tu ne me quitteras point : où je trouverai un asile, tu auras une place ; la porte qui s'ouvrira devant moi nous laissera passer tous les deux. »

Des larmes brillèrent dans les yeux de l'Indien, qui s'écria :

« O le meilleur et le plus compatissant des hommes, qui, loin de me traiter en esclave, m'élèves jusqu'à toi en m'appelant ton ami, ton frère, sois béni. Désormais je m'attacherai à tes pas, et nul ne touchera à un cheveu de ta tête avant d'avoir passé d'abord sur le corps de Telesco. »

A partir de cet instant, l'Indien voua une affection profonde, un dévouement à toute épreuve, à celui qu'il nommait son père. Un monastère servit pendant quelque temps d'asile au pieux missionnaire et à son protégé. Mais la paix dont il jouissait au milieu des religieux ne détournait point Las Casas de son généreux dessein ; son âme en était toute préoccupée.

« Je ne puis rester plus longtemps en repos, dit-il, à la pensée de tout ce que nos pauvres Indiens ont à souffrir. Je vais de nouveau reprocher à la cour d'Espagne son indifférence pour les actes odieux dont l'Europe entière la rendra un jour responsable. »

Il repartit, accompagné de son fidèle Telesco.

A son dernier voyage, Las Casas avait vu mourir le grand roi Ferdinand le Catholique. Quand il arriva à Tolède, le cardinal Ximénès touchait, lui aussi, à ses derniers moments. Ce ministre, si puissant sous le précédent règne, qui avait rendu à Charles d'Autriche, son nouveau souverain, d'éminents services ; ce ministre, qui avait vu la Castille et l'Aragon à ses pieds, venait d'être frappé au cœur par la nouvelle de sa disgrâce, aussi injuste qu'inattendue. Des courtisans jaloux l'avaient perdu dans l'esprit de Charles, et ce prince avait en peu de temps oublié qu'il devait à cet habile ministre le maintien de son autorité dans les États gouvernés par son aïeul. Ximénès ne put survivre à cet acte d'ingratitude. Sa santé, qui avait résisté au ravage des années, à la fatigue causée par d'incessants travaux, s'altéra sensiblement ; il rendit son âme à Dieu à l'âge de quatre-vingts ans. Las Casas regretta sincèrement cet homme austère et juste, qui avait travaillé avec intelligence à la prospérité matérielle comme à la gloire littéraire de son pays.

Cependant les Flamands qui avaient accompagné en Espagne leur jeune souverain voyaient avec une irritation secrète l'attitude fière et dédaigneuse que conservaient vis-à-vis d'eux les Espagnols. Las Casas, voyant qu'il ne pouvait rien obtenir de ceux-ci, songea à intéresser les premiers au sort des Indiens, et il y parvint par le récit émouvant des persécutions dont les indigènes devenaient les innocentes victimes. Les conseillers flamands appuyèrent donc auprès du roi les généreuses réclamations du missionnaire. Les surintendants furent rappelés, et un jurisconsulte, don Rodrigue de Fiqueron, fut chargé d'étudier de nouveau cette grave question.

Animé de meilleures intentions que ses prédécesseurs, don Rodrigue se trouva toutefois arrêté par une difficulté sérieuse. Affranchir les naturels du travail des mines et de la culture, c'était condamner à la stérilité la plus grande partie des terres découvertes, c'était renoncer aux richesses promises. On pensa alors à sortir de cet embarras en achetant sur la côte d'Afrique des nègres robustes, plus habitués que les indigènes aux durs tra-

vaux et à une obéissance passive. Cette combinaison nouvelle n'était basée ni sur l'humanité ni sur la justice,
c'était simplement sacrifier une race pour en épargner
une autre.

Quelques historiens ont accusé Las Casas d'avoir lui-
même encouragé cette mesure ; mais les sentiments
généreux de notre héros, la noblesse de son caractère
l'élevèrent au-dessus de ce soupçon injurieux dont il se
défendit lui-même. Le prêtre du Seigneur avait, en effet,
des vues trop élevées, une âme trop chrétienne, pour ne
point voir dans les pauvres nègres d'Afrique des frères
qui avaient droit, comme toute créature humaine, à sa
sympathie et à sa pitié.

Le nouveau roi d'Espagne permit donc à un de ses
sujets de se procurer quatre mille noirs et de les im-
porter à Hispaniola. L'Espagnol vendit son privilège à un
marchand génois, et alors fut créé entre le nouveau
monde et l'ancien ce trafic honteux, connu sous le nom
de la traite des noirs, contre laquelle s'éleva, trois cents
ans plus tard, l'éloquent Willberforce.

La marche que suivaient les évènements ne pouvait
satisfaire l'intrépide défenseur des Indiens ; son cœur
conçut une autre pensée dont l'exécution devait être
pure de toute violence, de toute tyrannie. Il déroula ainsi
ses plans au jurisconsulte don Rodrigue.

« Pour repeupler Hispaniola, laissé presque désert
par la mort des naturels, vous avez appelé le rebut de
votre nation, des gens qui, fuyant le travail, venaient ici
chercher une fortune facile à acquérir. Leur présence n'a
fait qu'augmenter les progrès de la destruction. Faites
aujourd'hui un appel aux hommes honnêtes, aux artisans laborieux ; l'espérance d'assurer à leur famille une
existence plus aisée les retiendra ici, et leurs courageux

efforts contribueront à la prospérité de nos colonies. »

Ce conseil si sage ne fut pas écouté. Les marchands génois, voulant retirer de leur honteux trafic des bénéfices exagérés, commencèrent à ne vendre à Hispaniola qu'un nombre insuffisant de nègres, et l'état des malheureux indigènes fut à peu près ce qu'il était auparavant. Seul Las Casas ne se découragea pas; prenant à la main son bâton de voyageur, il s'aventure, suivi de son fidèle Telesco, à travers des terres incultes. Après plusieurs jours de marche, il découvre un petit espace inoccupé sur l'isthme de Darien, aujourd'hui isthme de Panama. C'est là qu'il se propose de fonder la colonie qu'il rêve. Il part de nouveau pour l'Espagne, arrive à la cour et communique au roi son projet; le souverain l'approuve. Le missionnaire s'adresse alors à tous les hommes de bonne volonté.

« Avec votre concours, leur dit-il, je m'engage à civiliser en deux années plus de dix mille Indiens, à les instruire et à en faire des hommes capables de rendre de grands services à votre pays. »

On l'écoute avec intérêt, mais on se décide avec peine à le suivre; car le roi, changeant subitement de dispositions, réduit à trois milles l'étendue que doit occuper, le long de la côte de Cunama, la nouvelle colonie. Las Casas ne peut plus offrir aux émigrants qu'une fortune lentement acquise. Deux cents cultivateurs et artisans se décident seuls à l'accompagner. N'importe, le courage ne l'abandonne pas : avec la foi qui l'anime on transporterait des montagnes. Mais, hélas! ses desseins sont de nouveau traversés par des événements aussi malheureux qu'inattendus. Pendant son absence, les colons d'Hispaniola, ne pouvant obtenir un nombre suffisant de nègres dont les marchands génois demandaient un prix exorbi-

tant, étaient venus enlever furtivement sur la côte de
Cunama tous les Indiens qu'ils avaient pu surprendre ;
des actes de cruauté révoltante avaient accompagné ce rapt
odieux. Les indigènes répandus dans la province s'étaient

Les dominicains avaient essayé d'arrêter l'effusion du sang.

unis pour repousser les Espagnols, le sang avait coulé ;
pour en éviter l'effusion, les dominicains étaient sortis de
leur pieuse retraite et avaient été massacrés dans la
mêlée. Les Indiens sont alors accusés, à tort ou à rai-

son, de ce crime, et leurs agresseurs réclament du gouvernement le droit de les punir.

Quand Las Casas et ses compagnons abordent à Porto-Rico, ils y trouvent une escadre qui se dispose à faire voile pour réduire à l'obéissance ce qui est resté d'Indiens dans Cunama. C'est en vain que Las Casas supplie le commandant de différer sa vengeance, d'épargner au moins le petit coin de terre où il s'est proposé de fonder une colonie ; on resta insensible à sa voix, et ceux même qui l'ont accompagné refusent d'aller plus loin et s'établissent à Porto-Rico, retenus dans cette île par la fertilité du sol et la clémence du climat.

Voyant l'inutilité de ses efforts, le missionnaire se résigne cette fois. « Dieu ne m'a pas choisi pour l'exécution de ce dessein, dit-il ; il ne me reste plus qu'à prier pour ceux dont je ne puis adoucir le sort. » Il revient au monastère qui lui a déjà servi d'asile.

« Vous voyez un vaincu », dit-il avec une humilité touchante à ses frères heureux de le revoir.

Dans cette pieuse retraite, il finit d'instruire dans la religion chrétienne son fidèle Telesco ; c'est aussi dans ce couvent de San-Domingo que la faveur royale vient chercher le pieux missionnaire : on veut l'investir de l'évêché de Cuzzo, l'un des plus riches du nouveau monde ; il refuse ce poste important pour accepter celui de Chiapa, qui est habité par la population la plus pauvre.

C'est là que sa charité s'exerce avec un zèle infatigable, là qu'il convertit par la douceur et la persuasion un grand nombre d'indigènes, là qu'on le retrouve à chaque pas entre l'oppresseur et l'opprimé. Il ne néglige aucune occasion de rappeler aux Espagnols que ceux qui possèdent des Indiens, même après les avoir achetés, ne doivent pas les retenir dans la servitude. Un jour,

une esclave fuyant les mauvais traitements d'un maître
impitoyable vient demander asile et protection au charitable évêque. Elle a été séparée violemment d'un
époux qu'elle aimait, et depuis sa vie n'a été qu'une
lente torture. En écoutant ce triste récit, Las Casas sent
une espérance naître dans son âme.

« Quel est ton nom ? demande-t-il à l'infortunée.

— Manouma, » lui répond-elle.

C'était l'épouse regrettée de Telesco, que le Ciel rendait au nouveau chrétien.

« Ce fut une grande joie pour mon cœur, disait Las
Casas en racontant cet épisode de sa vie si éprouvée ; oui,
ce fut un beau jour pour moi que celui où je pus réunir
deux êtres si dignes l'un de l'autre. »

Un peu plus tard, Telesco, amenant sa compagne au
pieux évêque, lui disait : « Père, je lui ai appris tout ce
que tu m'as enseigné, et Manouma vient réclamer de toi
la grâce du baptême. »

Mais ce ministre du Seigneur, qui donnait asile aux
esclaves fugitifs, qui proclamait leurs droits à la liberté et
s'élevait avec véhémence contre leurs persécuteurs,
devait avoir bien des ennemis parmi les tyrans. On l'ac-
cusa auprès du roi Charles de propager des doctrines qui
excitaient les Indiens à la révolte ; il fut appelé à rendre
compte de sa conduite, et contraint de quitter comme un
criminel son pauvre diocèse de Chiapa. Des officiers de
justice l'accompagnaient, et, malgré la terreur que les
Espagnols inspiraient aux indigènes, ceux-ci conduisirent
leur évêque aussi loin qu'ils le purent, et en lui témoi-
gnant de la manière la plus vive leurs regrets et leur douleur.

Admis à se défendre au sein du conseil de l'Inde, l'intrépide missionnaire paraît plutôt un juge qu'un accusé.

Dans un plaidoyer éloquent, il rappelle les cruautés inouïes dont il a été le témoin oculaire. A ce récit, un frisson parcourt l'assemblée; un instant le courageux apôtre peut espérer non seulement d'avoir gagné sa cause, mais celle de ses chers Indiens. Mais un adversaire ardent, passionné, s'élève contre lui; c'est le théologien Sepulvedo, qui combat une à une les propositions présentées par l'ancien évêque de Chiapa. Malheureusement un intérêt personnel dont il invoque les prétendus droits gagne à ses maximes une partie du conseil. « La servitude des Indiens, dit Sepulvedo, est le simple résultat de la conquête. Le souverain a le droit de diriger comme il lui plaît ces peuplades sauvages, et son zèle doit le porter à les contraindre à reconnaître, à partager la religion de leurs vainqueurs. » Las Casas répond avec véhémence que les Indiens doivent être considérés comme les sujets libres de la couronne, et il menace leurs oppresseurs de la colère céleste. Les avis sont partagés; les convictions sont ébranlées ; on en réfère au souverain. Charles V, embarrassé, évite de se prononcer, et se contente de donner à l'apôtre des Indes des espérances qui ne doivent jamais se réaliser. Le missionnaire revient en Amérique consacrer aux opprimés ce qui lui reste de force et de courage.

Mais bientôt, épuisé par la fatigue, l'âge et la douleur, Las Casas tombe dans un état de faiblesse qui ne lui permet plus d'accepter aucune nourriture. Cette triste nouvelle se répand parmi les Indiens. Un cacique lui amène sa jeune femme, à laquelle la mort vient de ravir l'enfant qu'elle nourrissait de son lait.

Mon père, dit le jeune homme, j'ai conduit vers toi ma compagne, qui vient t'offrir un lait réparateur destiné à prolonger ton existence si chère. »

En vain le vieillard se refuse à accepter ce secours : il est forcé de céder aux sollicitations les plus touchantes.

On prétend que, grâce à cette inspiration de la tendresse, le bon missionnaire reprit peu à peu ses forces. Mais, hélas! il marchait de déception en déception, voyant chaque jour paralyser ses efforts par l'ambition et la méchanceté des hommes.

Il avait passé pour la quatorzième fois l'Océan afin d'aller présenter à la cour d'Espagne les mémoires qu'il avait préparés dans le silence de la retraite. Ces mémoires étaient autant de plaidoyers éloquents faits en faveur des pauvres Indiens. A peine arrivé à Madrid, il se sentit pris du mal qui devait le conduire au tombeau quelques jours plus tard. Sa mort fut aussi édifiante que l'avait été sa vie ; il s'éteignit à l'âge de quatre-vingt-douze ans, regrettant de laisser son œuvre inachevée.

Il avait consacré cinquante années à ce glorieux apostolat.

JEANNE DE VALOIS

ou

LE BOUQUET DE MYOSOTIS

Heureux comme une reine! avez-vous dit souvent, jeunes lecteurs et aimables lectrices, et cette exclamation toute naturelle a toujours été pour vous le synonyme d'un bonheur sans nuage, de la position la plus brillante comme la plus enviée. Et cependant l'histoire, dont vous connaissez les grands événements, est venue bien souvent donner un éclatant démenti à cette opinion accréditée. Que de voix éloquentes, entre autres celle de l'immortel Bossuet, se sont élevées contre ce faux prestige des grandeurs humaines! Que de pauvres femmes pour lesquelles le sceptre n'a été qu'une couronne d'épines! Que de jeunes princesses, condamnées à la souffrance et à l'isolement, ont envié votre sort modeste et les paisibles joies qui l'accompagnent! Vos lèvres murmurent déjà bien des noms que de grandes infortunes ont immortalisés. Marie Stuart, Marie-Antoinette, Blanche de Bourbon, toutes reines martyres, se présentent d'abord à votre esprit, et votre pensée ne s'arrête point sur la vertueuse princesse pour laquelle je viens réclamer toute votre sympathie. Jeanne de Valois, cette fille dédaignée de Louis XI, ne fut point, il est vrai, victime d'une de ces

secousses violentes qui ébranlent les trônes et changent
le sort des rois. Non, Jeanne ne connut pas ces grandes
leçons de l'adversité ; sa vie fut une suite de jours tristes
et uniformes ; l'oubli dans lequel la laissèrent ceux
qu'elle aimait fut le secret de toutes ses souffrances, souffrances d'autant plus cruelles, que la princesse avait
reçu de Dieu une âme aimante et dévouée.

Sa mère, Charlotte de Savoie, seconde épouse de
Louis XI, avait déjà donné le jour à une fille, et il n'avait
pas fallu moins que les grâces et l'intelligence précoce
de Madame Anne de France pour consoler le roi, qui
souhaitait un héritier. Lorsque Jeanne fut sur le point de
naître, la reine, qui redoutait fort l'humeur sombre et
tyrannique de son époux, se préoccupait vivement du
sexe du petit être dont elle attendait la venue.

Confiant dans la réalisation de ses espérances, le roi,
qui abandonnait d'ordinaire sa jeune épouse à son isolement, lui témoigna moins de froideur ; ses voyages de
Paris à Loches, où il l'avait reléguée, devinrent plus fré-
quents, et il se trouvait dans cette dernière résidence
lorsque Jeanne vint au monde. La pauvre petite princesse, qui trompait sans le vouloir les espérances du
despotique monarque, ne fut pas même honorée d'un
regard de son père. Louis partit brusquement pour Paris
sans adresser à sa femme une parole d'affection et d'en-
couragement.

Quand il revint, il constata avec dépit que sa seconde
fille était laide, chétive et difforme. L'orgueil n'eut pas
de peine à étouffer la voix de la nature ; car ce prince,
qui avait été mauvais fils, ne devait être ni bon époux ni
bon père. Ce fut sous ces tristes auspices que commença
la vie de Jeanne de Valois. Elle essaya ses premiers pas
dans ce château de Loches que Charles VII aimait tant,

et que son successeur avait transformé en prison d'État, sans égard pour la reine à laquelle il avait imposé ce triste séjour. Ce manoir, entouré de murs élevés, de fossés profonds, défendu par de hautes murailles, des herses de fer et une double enceinte de fortifications, était bien moins une résidence royale qu'une forteresse.

Le soir, Charlotte de Savoie, entourée de quelques femmes, dont la sordidité du roi diminuait de jour en jour le nombre, montait dans une des tours du donjon du château, et reposait ses yeux sur les vastes prairies que traverse la gracieuse rivière de l'Indre. Elle prenait alors sur ses genoux la petite princesse, et des larmes silencieuses coulaient du visage de la mère sur le front de l'enfant. L'aspect sévère du château, les gémissements des prisonniers que la brise du soir apportait à son âme troublée, tout se réunissait pour entretenir les ennuis de cette pauvre reine, condamnée à l'isolement et à la douleur. La jeune et spirituelle Marie d'Écosse, dont elle occupait la place, avait éprouvé les mêmes déceptions, et était morte à la fleur de l'âge, de cette lassitude de la vie qui la faisait s'écrier : « Fi de la vie ! qu'on ne m'en parle plus ! »

Les visites de Louis à Loches venaient seules rompre l'uniformité de l'existence qu'on menait au château ; et cependant chacun les redoutait, la reine comme les autres. Tout le temps que durait le séjour du roi, on se sentait mal à l'aise ; la crainte qu'il inspirait faisait fuir le sourire et bannissait toute expansion. Il semblait que l'air fût plus étouffant, les paysages plus sombres : et si l'on sentait un moment d'allègement, c'était lorsqu'on lui voyait prendre la route de Paris.

Lorsque la naissance du prince qui fut plus tard Charles VIII vint enfin satisfaire l'ambition secrète de

Louis XI, le soupçonneux monarque mit tous ses soins à soustraire l'enfant à l'influence de sa mère, qu'il accusait d'être restée attachée à la maison de Bourgogne. Si Charlotte de Savoie, douce, aimable et belle, n'avait pu triompher de la complète indifférence du bizarre monarque, la jeune princesse, que Dieu avait privée de toutes les grâces de son sexe, ne put jamais lui inspirer que de l'éloignement : au point que sa gouvernante, Mme de Rivière, se vit souvent contrainte de la dérober à la vue du roi, en se mettant devant elle dans les rares moments où la famille royale était réunie.

Jeanne était intelligente et douce ; il y avait des trésors de bonté dans ce cœur où nul, excepté sa mère, ne cherchait à lire. Son âme aimante se tourna dès ses jeunes années vers le suprême Consolateur, qui se révèle de préférence aux humbles et aux affligés. Retirée dans son oratoire, elle priait avec ferveur et oubliait le monde pour ne penser qu'au ciel. Parfois la volonté inexorable du roi venait l'arracher à sa chère solitude. « Mes filles ne sont pas nées pour le cloître », disait-il à la gouvernante des princesses. Et comme Mme de Rivière engageait la pauvre enfant à se conformer sur ce point aux désirs de son père, et à retrancher quelques-unes de ses œuvres de piété, Jeanne lui fit cette belle et énergique réponse :

« Monseigneur le roi ne peut me contrarier dans l'exercice de mes dévotions, car il ne peut oublier que, tout roi qu'il est, il a Dieu pour maître. »

La sœur aînée de la jeune princesse, la belle et impassible Anne, resta le témoin indifférent de ses secrètes douleurs ; elle eût pu lui faire beaucoup de bien, elle n'y songea pas.

Le Dauphin se montra plus sympathique à la pauvre

Jeanne, plus âgée que lui de six ans ; aussi il fallait voir de quels soins attentifs la jeune princesse payait un petit mot gracieux ou tendre de l'enfant.

Jeanne ne demandait rien au monde, au sein duquel elle ne paraissait que par obéissance ; elle pensait obtenir un jour la permission de s'en retirer, mais on ne lui laissa pas longtemps cette espérance, et la froide politique de son père vint mettre un obstacle à la réalisation de ses vœux les plus chers. Il entrait dans les vues de Louis XI de marier sa fille cadette au duc d'Orléans. Ce jeune prince, fils de Marie de Clèves et du spirituel poète Charles d'Orléans, avait reçu en partage les dons les plus heureux : il était beau, bien fait, aimable et intelligent. Il n'avait jamais honoré d'un regard d'intérêt la pauvre petite princesse qui lui était destinée. De son côté, Jeanne, intimidée par la réputation de beauté et d'élégance de son jeune cousin, n'avait en aucune circonstance levé les yeux sur lui. Louis XI seul pouvait songer à rapprocher par les liens sacrés du mariage deux enfants (car Louis d'Orléans n'avait encore que quatorze ans, et Jeanne douze) si peu assortis sous tous les rapports.

Le roi se chargea lui-même de prévenir le duc. La foudre serait tombée aux pieds du jeune prince, qu'elle ne l'eût pas terrifié plus que cette nouvelle. Il se jeta aux genoux de Louis XI, lui représenta de la manière la plus respectueuse et la plus touchante le peu de conformité qui devait exister entre ses goûts et ceux de la princesse. Le hautain monarque fut inflexible et ne répondit à tant de supplications que par ces paroles :

« Je vous laisse trois jours pour vous habituer à cette idée : vous en prendrez votre parti, mon beau neveu ; car si je ne vous donne pas une belle femme, je vous donne une compagne dont la douceur tempérera votre vivacité, dont la raison modérera votre imagination un peu folle. » Sur ces paroles, Louis XI sortit. En s'éloignant, il entendit les sanglots du duc et se mit à sourire. « Pleurs d'enfants, murmura-t-il, ne durent guère ; l'orage s'apaisera. »

Ce fut Charlotte de Savoie qui fut chargée d'instruire Jeanne des desseins de son père sur elle.

De ce côté, ce furent les mêmes supplications, la même résistance. La jeune princesse ne pouvait comprendre pourquoi on l'arrachait à ses pieuses rêveries pour associer son sort à celui de son beau cousin ; et comme sa mère la pressait de consentir, elle répondit simplement :

« Vous direz au roi que j'ai choisi Dieu pour époux, et il ne me contraindra point. »

La reine hocha tristement la tête.

« Vous ne savez pas, ma pauvre enfant, répondit-elle, que c'est un ordre que je vous apporte, et non un choix à faire. Quand le roi commande, il ne faut songer qu'à lui obéir. »

La reine avait prononcé ces mots avec l'expression d'une amère tristesse. Jeanne comprit que la résistance était impossible, elle promit de se soumettre ; mais pendant les jours qui précédèrent son mariage, on la vit souvent pleurer au pied de son crucifix.

Quant au duc, il se trouvait fort malheureux qu'on lui imposât pour compagne cette pauvre enfant laide, difforme et souffrante. Il était assez naturel que, vu son extrême jeunesse, le fils de Charles d'Orléans ne songeât pas à se demander si, sous cette enveloppe disgracieuse, ne battait point le cœur le plus noble et le plus dévoué. Cependant, comme Jeanne, il était contraint de faire fléchir sa volonté sous celle d'un maître impérieux. Il céda et se laissa conduire à l'autel, où s'accomplit, pour le moment, un double sacrifice. Le jeune époux était extrêmement pâle ; ses lèvres tremblaient : quant à Jeanne, elle se résignait en priant Dieu avec ferveur. Puis, ce devoir accompli, elle pensa qu'il lui en restait un autre à remplir, celui d'aimer ce jeune prince auquel l'attachait un lien sacré. Louis d'Orléans avait tout pour plaire : sa grâce était aussi séduisante que son esprit. Jeanne l'aima de toute la force de son âme, et cette tendresse si légitime devint la source de toutes ses souffrances, le secret de toutes ses douleurs, et la cause de ce long martyre qui lui valut le respect et la sympathie du bon peuple de France.

Malgré la crainte que lui inspirait le roi, le jeune duc ne put jamais que témoigner à sa femme quelques égards forcés ; encore en manqua-t-il quelquefois assez pour s'attirer de Louis XI ce reproche sévère : « Mon neveu, vous oubliez que votre femme est aussi bonne que sage, et fille d'une reine dont la vertu a toujours été irréprochable. »

Jeanne subissait sans se plaindre ces dédains, qui eussent révolté l'orgueil de toute autre femme ; aux pieds de son crucifix, elle se retrouvait l'égale des êtres intelligents que Dieu a appelés aux plus glorieuses destinées. Qui eût songé à disputer à cette âme si pure sa part à l'héritage céleste ? Elle souffrait cruellement toutefois de l'indifférence de son seigneur, qu'elle aimait *chèrement*. Elle n'oubliait ses douleurs que lorsqu'elle soulageait celles des autres. L'héroïne de la guerre des Deux-Roses, l'infortunée veuve d'Henri VI, Marguerite d'Anjou, éprouva les effets de la bonté ingénieuse et compatissante de Jeanne. Le père de Marguerite, le bon roi René, avait ménagé à sa fille la protection de Louis XI en cédant à celui-ci la Provence.

A la mort de cet excellent prince, le roi de France s'était engagé à fournir à la reine déchue une rente annuelle de six mille livres, rente qu'il lui payait assez mal, dit-on. Mais, en revanche, il la recevait à sa cour avec les témoignages de respect dus à ses malheurs. Les souvenirs les plus douloureux accompagnaient partout la veuve d'Henri VI. Les représailles sanglantes qu'elle avait elle-même exercées contre les ennemis de sa maison, alors que les intérêts de sa cause semblaient tout excuser, lui apparaissaient sous leur véritable jour, à cette heure où la mort avait fait le vide autour d'elle, et lui avait impitoyablement démontré la vanité des choses de ce monde. Sa beauté s'était flétrie au contact des passions humaines; elle avait vieilli avant l'âge: l'esprit, comme le corps, avait trop souffert.

A la place des froids respects qu'on lui rendait, elle avait besoin d'un cœur où elle pût épancher ses regrets. Jeanne comprit toutes ses angoisses et lui offrit le secours de sa généreuse amitié. Elle servait elle-même la reine, l'attirait dans son oratoire, lui parlait du Dieu qui pardonne au repentir, du ciel où se réunissent ceux qui se sont aimés sur la terre. Des larmes coulaient alors sur le visage de la noble exilée, ses mains se joignaient, et elle priait, revoyant par la pensée ses deux martyrs, Henri VI et le prince de Galles.

Chaque année, la reine d'Angleterre quittait sa retraite d'Angers pour venir à Amboise, où se tenait la cour, et où elle était reçue très *petitement*, dit un historien du temps; car la sordide parcimonie du roi obligeait sa famille, comme son entourage, à retrancher, non seulement sur le superflu, mais encore sur le nécessaire. La veuve d'Henri VI se préoccupait peu alors de la pompe des cérémonies, du luxe déployé dans les fêtes ; elle ne venait chercher que des consolations. Jeanne, malheureuse, mais résignée, s'attachait à fermer les plaies que l'orgueil et l'ambition avaient faites dans ce cœur brisé. A la voix de cette enfant qui puisait dans l'amour de Dieu une sagesse au-dessus de son âge, car Jeanne n'avait alors que quinze ans, Marguerite d'Anjou sentait fondre ses haines ; les sentiments généreux de son cœur se réveillaient.

Les douces exhortations de sa jeune amie la disposèrent peu à peu à subir les nouvelles épreuves qui lui étaient réservées. Elle n'avait encore que cinquante ans lorsqu'une lèpre hideuse décomposa son sang, altéra son visage au point que ses traits, jadis si réguliers et si beaux, devinrent méconnaissables et n'excitèrent plus que la pitié. Elle mourut de ce mal terrible à l'âge de cinquante-deux ans.

Pendant que l'ex-reine d'Angleterre recevait à Angers les soins de ses serviteurs attristés, le roi, dont la santé s'était depuis quelque temps visiblement altérée, se sentit plus gravement malade. Après avoir donné à son fils les plus sages conseils, il quitta Amboise, où il laissait sa famille, et vint habiter le château du Plessis-lez-Tours. Renfermé dans cette sombre demeure, il s'appliqua à cacher aux yeux de tous les progrès de sa maladie, dans la crainte qu'on n'en profitât pour se dégager envers lui de cette obéissance passive qu'il avait de tout temps exigée. Il ne faisait parvenir à la cour que des nouvelles rassurantes, auxquelles tout le monde se trompa, excepté Jeanne, qui se soumit, malgré la délicatesse de sa santé, aux austérités les plus rigoureuses, afin que le mourant en reçût quelque consolation. Elle se rendit elle-même au château sans y être mandée, fléchit avec grand'peine les officiers préposés à la garde de cette triste demeure, puis s'installa courageusement dans une aile presque inhabitée, prête à donner au malade des soins et des consolations. Mais les jours s'écoulaient, et Jeanne n'osait paraître aux yeux de son père, dont elle craignait d'exciter le courroux.

Alors arriva au Plessis-lez-Tours un pieux solitaire, un homme vénéré, qui avait quitté sa retraite sur les pressantes sollicitations du roi et sur l'ordre du Saint-Père. François de Paule ménagea entre le père et la fille une entrevue suprême, qui consola la jeune princesse de l'indifférence dont elle avait été l'objet depuis sa naissance. Louis XI bénit sa fille, ayant à son chevet ces deux anges de la prière : François de Paule et Jeanne de Valois.

Du fond de la Calabre, le solitaire n'oublia pas l'épouse délaissée, et sa correspondance, où respire une piété simple et consolante, soutint Jeanne dans les circonstances difficiles où Dieu l'avait placée.

A peine le corps de Louis XI avait-il été déposé dans les caveaux de Notre-Dame-de-Cléry, lieu de sépulture qu'avait choisi ce prince, que la noblesse, abaissée par ce rude maître, se releva fière et exigeante en présence d'un enfant de quatorze ans placé sous la régence d'une femme ; car le roi défunt avait confié l'administration du royaume à sa fille aînée, Mme de Beaujeu, dont il estimait fort la sagesse et l'intelligence.

Anne répondit aux réclamations des grands par la convocation des états généraux, qui reconnurent ses droits à l'administration du royaume ; puis elle fit sacrer le roi. Un instant, les fêtes données à l'occasion de cette solennité calmèrent l'irritation des grands. Les tournois qui eurent lieu permirent au jeune duc d'Orléans de déployer toute sa grâce et toute sa dextérité. Le plaisir passé, ce prince et ses courtisans firent de nouveau à la régente une sourde opposition.

Entrevue de saint François de Paule et de Louis XI.

Mais la fille de Louis XI avait, à vingt-deux ans, toute la fermeté qui caractérise les âmes fortes ; elle conduisit à Montargis le jeune roi afin de le soustraire à l'influence de son beau cousin, pour lequel il paraissait avoir un grand attrait. Irrité de cette mesure, Louis d'Orléans quitte Paris et se rend en Bretagne auprès de François II, dont la cour ne tarde pas à devenir l'asile des seigneurs mécontents.

Mᵐᵉ de Beaujeu a résolu d'en finir avec les révoltés; elle envoie contre eux le sire de la Trémouille. Cet habile et vaillant capitaine de vingt-huit ans remporte à Saint-Aubin-du-Cormier une victoire complète et fait prisonnier le duc d'Orléans.

Jeanne avait suivi la marche des événements avec la douleur de ne pouvoir en arrêter le cours par sa bienfaisante influence; elle souffrait cruellement de voir son seigneur compromettre ainsi son honneur et sa vie. Quand elle apprit qu'on s'était emparé de sa personne, elle espéra détourner de sa tête les dangers qui la menaçaient. Elle va trouver le jeune roi.

« Vous m'avez toujours traitée plutôt comme une amie que comme une sœur, lui dit-elle, nous avons mis souvent en commun nos peines et nos joies. Aujourd'hui je viens faire appel à votre affection et à votre bonté. Monseigneur le duc est tombé au pouvoir du sire de la Trémouille, et Madame Anne va être appelée à décider de son sort. Je redoute la rigueur de l'arrêt qu'elle va prononcer : aidez-moi, je vous en supplie, à sauver le coupable. »

Charles aimait sincèrement le duc. Il s'émut de la douleur de la bonne princesse; il eut un généreux mouvement.

« Je vous accompagnerai auprès de Madame Anne, et elle nous accordera la liberté du prince. » Il prit par la main sa sœur affligée et marcha résolument vers les appartements de la régente.

A peine avaient-ils l'un et l'autre franchi le seuil, qu'Anne comprit le but de leur démarche; ses lèvres se plissèrent, et son regard froid et sévère porta le trouble dans le cœur des jeunes princes. Jeanne se précipita à ses pieds. Le roi, de son côté, paraissait fort ému ; seule la fille aînée de Louis XI restait impassible.

« Madame, s'écria Jeanne au milieu de ses sanglots, vous tenez entre vos mains le sort de Monseigneur le duc d'Orléans ; il est prisonnier, mais un seul mot de vous peut briser ses fers. Grâce, grâce pour lui ! »

Et elle arrosait de ses larmes les mains de la régente.

« Votre mari est un grand coupable, répondit Mᵐᵉ de Beaujeu en relevant sa sœur, et il ne m'appartient pas de changer pour lui les lois de la guerre. Comme il a donné l'exemple de la rébellion, et il est juste que son sort intimide ceux qui seraient tentés de fomenter des troubles dans l'État. Quant à vous, Sire, ne m'en voulez point de rester inébranlable ; c'est pour votre repos et celui de la France. »

Bien qu'elle comprît la sagesse de cette réponse, Jeanne continuait à verser des larmes ; cette douleur qui s'exhalait sans murmures toucha la régente.

« Pauvre femme, murmura-t-elle, seras-tu jamais récompensée de tant d'amour et de tant de dévouement ! »

Elle embrassa sa sœur au front et se retira aussitôt pour ne pas céder à la pitié qui, malgré elle, entrait dans son âme.

« Il ne me reste plus aucune espérance, s'écria Jeanne ; que va devenir mon seigneur ? Ah ! le souvenir du duc de Nemours me glace d'effroi.

— Rassurez-vous, ma sœur, répondit avec bonté Charles ; moi vivant, il ne sera fait aucun mal à notre beau cousin ; nul ne touchera à un seul cheveu de sa tête, je vous le jure ! ». . . . .

. . . .

Monseigneur d'Orléans avait été enfermé dans la tour de Bourges. La pensée des ennuis qu'il devait éprouver ne laissait pas à Jeanne un moment de repos. Elle conçut le généreux dessein de partager sa captivité. Elle quitta donc la cour, heureuse de faire à son époux le sacrifice de sa liberté. Cette princesse, aimable et intelligente, parvint à distraire le prisonnier; elle fut l'ange de sa prison pendant les trois longues années qu'il y fut retenu. Les seules apparitions qu'elle fit à Paris n'eurent d'autre but que la délivrance du captif, mais elle trouva la régente inflexible. A son dernier voyage, elle se rendit, en longs habits de deuil, au château du Plessis-lez-Tours, où se tenait le jeune roi; là elle renouvela ses instantes prières, cherchant à atténuer les torts du coupable, et à réveiller dans le cœur de Charles toute la sympathie qu'il avait naguère manifestée pour son cousin.

Le fils de Louis XI, que sa douceur fit surnommer l'Affable, ne put résister à cette courageuse persistance de sa sœur affligée.

« Vous aurez, lui dit-il, l'époux qui cause vos regrets : fasse le Ciel que vous n'ayez pas à regretter ce que vous faites aujourd'hui pour lui! »

Ces paroles, comme celles que Mme de Beaujeu avait prononcées dans une circonstance semblable, étaient une allusion directe à l'indifférence du duc pour sa femme. La première fois elles avaient blessé profondément le cœur de la bonne princesse; dans le moment actuel elles ne firent qu'effleurer son âme, toute disposée à croire à la reconnaissance du prince. Elle se hâta de porter au prisonnier cette douce espérance d'une liberté prochaine. Louis se sentit attendri de tant de dévouement; il pressa affectueusement la main de Jeanne, et, cueillant quelques fleurs écloses dans les murs de la tour, il en composa un bouquet et le présenta à sa femme avec cette courtoisie, avec cette grâce exquise qu'il savait mettre dans les actes les plus simples. Des larmes de bonheur brillèrent dans les yeux de Jeanne.

« Il ne me quittera pas, même dans la tombe », murmura-t-elle.

Hélas ! elle devait être la seule à se rappeler ce jour.

Cependant Charles n'avait pas oublié la promesse faite à sa sœur, et il conçut la pensée de délivrer lui-même le prisonnier. Dans cette intention, il se rendit avec quelques gens de sa suite jusqu'au pont de Barangon, d'où il envoya chercher le captif. A peine le duc d'Orléans fut-il en présence du jeune roi, qu'il se précipita à ses pieds sans pouvoir articuler une parole, tant son émotion était grande. Charles le releva avec bonté et l'embrassa avec tendresse. De son côté, le duc s'engagea à servir avec une fidélité à toute épreuve les intérêts du trône.

La délivrance de Louis d'Orléans, opérée par le roi lui-même et sans le concours de Mme de Beaujeu, fit comprendre à cette princesse que son jeune frère voulait désormais gouverner par lui-même. Elle commença alors à s'éloigner peu à peu de l'administration ; mais elle ne perdait pas de vue les desseins de son père sur le duché de Bretagne, convoité longtemps par l'habile monarque. Les circonstances ne pouvaient être plus favorables, et Mme de Beaujeu ne négligea rien pour en profiter. Le vieux duc François, épuisé de corps et d'esprit, venait de mourir laissant deux filles, dont l'aînée, Anne, devenait héritière du beau duché de Bretagne. Cette jeune princesse, douée des charmes de l'esprit et du visage, avait vu plusieurs princes de l'Europe se disputer sa main. Elle était toute disposée à l'accorder à Maximilien, fils de Frédéric III, empereur d'Allemagne, lorsque Mme de Beaujeu, redoutant pour la France les conséquences de cette alliance, se hâta d'y mettre des entraves. Elle songea à triompher par les armes de la résistance de la jeune duchesse, et envoya en Bretagne le sire d'Albret, qui s'avança vers Nantes, pendant que le jeune roi marchait sur Rennes, où l'orpheline s'était retirée. Cette ville ne tint pas longtemps rigueur à son suzerain ; elle lui ouvrit ses portes. Mme de Beaujeu s'empressa alors de négocier la paix. L'entrevue de Charles VIII et d'Anne de Bretagne fit évanouir les prétentions de la duchesse, qui consentit à rompre son mariage projeté et à accepter la couronne de France. Son fiancé, Maximilien, ne se trouvant pas assez fort pour entreprendre une lutte ouverte avec son heureux rival, fut forcé de faire taire son ressentiment.

Le mariage du jeune roi, dû à l'habileté de Mme de Beaujeu, fut le dernier acte de la puissance de cette princesse, qui s'était acquis une réputation de haute sagesse, de prudence et de fermeté ; aussi Charles VIII ne cessa-t-il jamais de lui témoigner une grande déférence.

Le duc d'Orléans avait secondé les projets du roi avec dévouement, et Charles lui avait rendu toute son estime et toute son affection.

Le 16 décembre 1491, le mariage de Charles VIII et de l'héritière du duché de Bretagne fut solennellement célébré. Cette jeune reine de quinze ans, aussi spirituelle que belle, n'eut pas de peine à gagner les cœurs ; elle n'eut qu'à paraître, et chacun se fit l'esclave de ses moindres désirs, en commençant par le roi, qui l'aima de toutes les forces de son âme, et auquel elle s'attacha sincèrement.

Pendant ces événements, qu'était devenue l'épouse dévouée de Louis d'Orléans, la courageuse compagne de sa captivité ? Elle était retombée dans l'oubli et dans l'isolement. La reconnaissance du duc avait été de courte durée, et l'indifférence la plus cruelle lui avait succédé. Des jours entiers s'écoulaient sans qu'il fît prendre des nouvelles de la femme qui avait droit à son respect et à son affection. Jeanne ne se plaignait pas : elle priait et distribuait des aumônes, et comme l'espérance n'abandonne jamais les âmes jeunes et fortes, elle croyait au retour du duc.

Cependant l'amour des conquêtes avait saisi le jeune roi ; les romans de chevalerie, médités dans la solitude, avaient, dit-on, enflammé son imagination. Il songe à revendiquer sur le Milanais les droits que Valentine de Visconti, veuve du duc d'Orléans, frère de Charles VI, a légués à la maison de France. Une jeunesse enthousiaste suit pendant sept années la fortune et les revers du fils de Louis XI, jusqu'au moment où les armées confédérées, ayant pour chef le célèbre Gonzalve de Cordoue, reprirent une à une aux lieutenants de Charles VIII les places dont les Français s'étaient emparés.

Peu de temps après, le jeune monarque, résidant avec la reine au château d'Amboise, se heurta, dit-on, violemment la tête au fronton d'une galerie qu'il lui fallait traverser pour se rendre au jeu de paume. « Il parut, dit Commines, peu incommodé, et devisa joyeusement avec les seigneurs qui l'entouraient. » Mais tout à coup on le vit pâlir, chanceler et s'affaisser sur lui-même.

Après huit heures d'agonie, il expira. Il avait à peine vingt-huit ans.

La cour et le peuple regrettèrent profondément ce prince, « qui de sa vie ne sut dire un mot qui affligeât quelqu'un ».

Anne de Bretagne le pleura sincèrement, et porta un deuil sévère de son jeune époux. Elle se retira dans son duché de Bretagne, où elle était respectée et chérie.

A peine le duc d'Orléans fut-il monté, comme premier prince du sang, sur le trône laissé vacant par la mort de Charles VIII, qu'il songea à s'affranchir des liens qui l'unissaient à sa vertueuse compagne.

La politique secondant la sympathie qu'il avait toujours éprouvée pour Anne, il conçut la pensée de rattacher la Bretagne à la France, en posant sur le front de la jeune veuve la couronne que dans son cœur elle regrettait.

Dès que Louis XII eut conçu ce dessein, il se hâta d'en assurer l'accomplissement. Il insista donc auprès du pape Alexandre VI pour obtenir son divorce, alléguant le degré de parenté qui existait entre lui et sa jeune compagne. Jeanne, ignorant ces démarches, vivait paisible et retirée, priant pour l'âme de son frère, priant aussi pour son époux, que Dieu chargeait de l'administration d'un grand royaume. L'ordre de comparaître à Tours devant les commissaires envoyés par le pape vint la frapper comme un coup de foudre dans sa retraite. Elle ne put croire d'abord à tant d'ingratitude, puis elle refusa avec une noble indignation de combattre les prétextes aussi injustes qu'humiliants dont le roi était forcé de se servir.

Mais bientôt la profonde tendresse qu'elle a vouée à son seigneur triomphe des révoltes d'un légitime orgueil. Elle se décide à comparaître, et elle se défend, tantôt avec l'énergie du désespoir, tantôt avec ses larmes.

Comment le prince qui devait mériter de ses sujets le doux nom de Père eut-il le triste courage de briser un cœur qui lui était tout dévoué, et d'infliger à la plus vertueuse des princesses un sanglant outrage? Personne n'éleva la voix pour défendre Jeanne, et le mariage fut cassé.

L'épouse délaissée avait tant souffert pendant ces tristes débats, qu'elle en apprit le résultat avec une grande résignation. « Mon Dieu, s'écria-t-elle, j'étais destinée à vous appartenir sans partage : que votre volonté soit faite ! »

Elle demanda à revoir celui qu'elle avait si tendrement aimé, qu'elle chérissait encore, malgré ses torts. Cette

Louis XII.

entrevue fut des plus douloureuses, même pour le roi, qui ne pouvait étouffer le cri de sa conscience. Cependant Jeanne ne se permit ni un murmure ni une plainte ; ses adieux furent exprimés en termes pleins de noblesse et de charité.

« Je désire, Monseigneur, dit-elle en terminant, que le Seigneur daigne prendre en considération les prières

de son humble servante, afin qu'aucun malheur ne vous
advienne. »

Louis se montra ému d'une bonté si rare, et, à partir
de ce jour, ne prononça plus qu'avec respect le nom de
celle que le peuple reconnaissant devait chérir sous le
titre vénéré de la *bonne duchesse*.

. . . .

A peine trois semaines s'étaient-elles écoulées depuis
la prononciation du divorce, qu'Anne de Bretagne remon-
tait sur le trône de France, à côté de Louis XII, dont elle
fut l'épouse bien-aimée. Le bonheur de sa rivale ne
troubla point l'âme chrétienne de Jeanne. Fuyant le
monde, dont elle avait tant souffert, la pieuse fille de
Louis XI s'était retirée dans la ville de Bourges, où son
père était né, où son aïeul Charles VII avait tenu sa cour
au moment où l'Anglais régnait en maître dans notre
pays. La vie austère de la pieuse princesse attira bientôt
auprès d'elle de nobles jeunes filles qui préféraient la vie
méditative aux joies mondaines. Jeanne songea alors à
les réunir dans un même asile et fonda, à cette intention,
le couvent des Annonciades, placé sous le vocable de la
mère de Dieu.

Malgré la sévérité de la règle établie dans ce monastère, le nombre des religieuses s'éleva bientôt jusqu'à
cent. La pieuse tendresse de ces saintes filles cicatrisait
les blessures que l'égoïsme et l'indifférence avaient faites
au cœur si sensible de la bonne princesse. Mais les souffrances de l'âme avaient affaibli sa santé naturellement
délicate, et les soins et l'amour de ses pieuses compagnes
retenaient à grand'peine en cette vie celle qui aspirait
depuis longtemps au ciel.

Une faiblesse la prit dans la chapelle : on la transporta
sur son lit. Sentant son heure approcher. elle réunit ses

filles bien-aimées, leur donna ses dernières instructions;
puis, souriant à la mort, elle s'éteignit en murmurant le
nom de Louis de France.

Lorsqu'on voulut mettre dans sa bière la fille de
Louis XI, on remarqua que sa main, raidie par la mort,
retenait un bouquet flétri de simples fleurs des champs.
Ce bouquet avait reçu le dernier baiser de l'épouse
fidèle. On respecta ce témoignage d'une affection que le
temps n'avait pu éteindre.

Le peuple regretta vivement Jeanne de Valois, qui
s'était toujours montrée compatissante à ses maux. Deux
cents ans plus tard, le pape Clément XII canonisa la
pieuse princesse, dont l'Église honore chaque année la
mémoire, le 4 février.

LA SŒUR DE CHARITÉ

DU FAUBOURG SAINT-MARCEAU

Le 6 avril de l'année 1856, le faubourg Saint-Marceau,
alors un des plus pauvres de Paris, offrait un spectacle
inaccoutumé. Les ateliers des ouvriers, les boutiques
des petits marchands, qui composaient en partie la
population de ce quartier, étaient fermés comme aux
grands jours d'événements publics. Des groupes nombreux stationnaient devant les portes closes, mais il ne
s'échappait de ces groupes ni un chant ni un éclat de
rire ; on s'abordait en se parlant à voix basse, et en
se dirigeant du même côté. Les femmes, accompagnées
de leurs maris, de leurs enfants, composaient comme un
cortège silencieux ; elles avaient pris leurs vêtements
aux teints sombres, et l'on s'apercevait bientôt que, si
les hommes avaient revêtu leurs costumes du dimanche,
ce n'était point pour se rendre à une réunion profane.
Cette population, triste et recueillie, arrivant de divers
côtés, encombra bientôt la petite rue de l'Épée-de-Bois.
Les fenêtres de ces maisons sombres, refuges ordinaires
de la misère et de la souffrance, étaient ornées de fleurs
blanches, de couronnes d'immortelles, comme l'est,

au jour des Morts, la longue rue qui conduit au Père-
Lachaise.

A l'entrée d'un vieil édifice dont le portail était sur-
monté d'une croix, un cercueil entouré de cierges, paré
de pieuses offrandes, attendait qu'on vînt le transporter
à sa dernière demeure. Il avait déjà reçu dans la chapelle du couvent les bénédictions de l'Église ; ce cercueil
renfermait les dépouilles mortelles d'une humble fille
de Saint-Vincent-de-Paul, supérieure du couvent du
faubourg Saint-Marceau ; la religieuse venait de rendre
à Dieu son âme pure, et c'était pour lui faire honneur
qu'au cortège des pauvres s'était réuni un autre cortège, celui des grands du monde. Les femmes élégantes du faubourg Saint-Germain suivaient ce convoi
à côté des femmes du faubourg Saint-Marceau. Les
généraux et les évêques, les hauts dignitaires de l'empire se trouvaient mêlés, à la population la plus pauvre
de Paris. La douleur des uns, la respectueuse sympathie des autres, étaient un double hommage rendu à la
mémoire de l'humble religieuse connue sous le nom de
sœur Rosalie.

Rien ne porte à l'amour de Dieu et à l'amour du bien
comme la lecture de cette vie aussi édifiante que
modeste. Ce qui saisit tout d'abord l'âme et la pénètre
d'admiration, c'est le nombre prodigieux de services de
toutes sortes rendus à l'humanité par cette humble
femme, qui ne trouva ni dans l'étude ni dans les ressources de son imagination, mais seulement dans sa foi
et dans la bonté de son cœur, le moyen de se mêler au
contact de toutes les misères pour les adoucir et les
purifier.

Jeanne-Marie Rendu, en religion sœur Rosalie, était
née, en 1786, dans une petite commune du départe-

ment de l'Ain. Elle commença de bonne heure à exercer la charité. Quoique ses parents ne fussent pas riches, il y en avait de bien plus pauvres qu'eux parmi ces montagnards réduits, pour la plupart, à l'émigration. Le bon cœur de Marie la rendait industrieuse. Elle confectionnait de petits vêtements avec les habits à moitié usés, avec les robes fanées, qu'elle réclamait pour ses pauvres.

Elle enseignait à lire aux jeunes enfants qui ne pouvaient fréquenter l'école, et les initiait aux premières connaissances de la religion. Ces soins et ceux qu'elle donnait à la maison pour venir en aide à sa mère absorbaient son temps.

Une vocation irrésistible l'entraînait vers la vie religieuse ; on la combattit quelque temps par prudence, et aussi par regret de la voir partir. Convaincus enfin qu'ils s'opposaient à son bonheur, ses parents consentirent à s'en séparer. Elle quitta son village, où chacun la chérissait, et vint pour la première fois à Paris en 1802 ; elle était alors âgée de seize ans. Elle avait choisi l'ordre qui devait la rapprocher le plus souvent de ceux qui souffraient ; aussi entra-t-elle comme novice dans la maison des Sœurs de charité, rue du Vieux-Colombier.

Il y avait à peine quelques mois que le général Bonaparte, nommé consul à vie, avait rouvert les temples et rendu à Dieu ses autels. Les saintes filles de la rue du Vieux-Colombier, chassées impitoyablement par la tourmente révolutionnaire, étaient revenues à leur modeste communauté pour y reprendre leurs pieux exercices. Hélas ! quelques-unes manquaient à l'appel ; on connaissait leur sort, la persécution en avait fait des martyres.

Jeanne-Marie Rendu prononça ses vœux le jour même où fut signé avec l'Angleterre le célèbre traité d'Amiens.

La jeune novice, uniquement préoccupée des engagements sacrés qu'elle contractait envers Dieu, échangeait son nom de baptême contre celui de sœur Rosalie, qu'elle devait rendre si populaire. Son noviciat terminé, elle dut quitter le couvent du Vieux-Colombier pour celui de l'Épée-de-Bois, situé dans le faubourg Saint-Marceau. Dans cette nouvelle communauté, elle exerça la plus salutaire influence ; ses sœurs la chérissaient et obtinrent d'elle, après de longs refus dus à sa grande humilité, qu'elle acceptât le titre de supérieure ; elle n'avait alors que vingt-cinq ans. C'est à partir de cet instant que la vie de la Sœur de charité se trouve mêlée à tous les événements qui agitent la capitale. Le premier consul, sacré empereur depuis 1804, est arrivé à l'apogée de sa gloire ; la plupart des souverains de l'Europe sont devenus ses tributaires. Mais que de larmes, que de misères se cachent derrière ces prestiges de gloire !

L'agriculture, privée des bras robustes qui ensemencent et qui récoltent ; l'industrie, des ouvriers qui utilisent et confectionnent ; les familles privées des hommes jeunes destinés à les soutenir ; tous ces vides étaient les plaies saignantes de l'État, et la charité faisait de généreux efforts pour les cicatriser. La communauté de l'Épée-de-Bois se trouvait plus que toute autre à la portée de constater toutes ces souffrances ; aussi ne se donnait-il pas une fête où sa jeune supérieure ne parût, son aumônière à la main.

Le jour où la naissance du roi de Rome vint combler les vœux de l'empereur et ceux de la nation, sœur Rosalie pensa que ses pauvres devaient profiter de ce joyeux événement. Grâce à l'influence d'une dame de la cour qu'elle a su intéresser à son œuvre, elle est introduite auprès de l'empereur. Là elle triomphe de sa timidité naturelle pour plaider la cause des malheureux.

« Sire, dit-elle, j'ai trois pauvres femmes de mon quartier dont les enfants sont nés le jour même où Dieu vous a envoyé un fils ; ces chers petits êtres viennent au monde dans les circonstances les plus douloureuses, tout manque dans la maison de leurs parents. »

L'empereur était trop heureux pour rester sourd à cet appel ; il interroge la sœur de Charité et verse entre ses mains, au nom du roi de Rome, une riche aumône, et la jeune supérieure revient toute joyeuse à son couvent.

On lui reconnut toujours cet art admirable de donner à propos, avec discernement, apportant dans la distribution de ses aumônes une grande impartialialité et une précieuse entente.

« Je suis l'économe de celui qui donne et de celui qui reçoit », disait-elle à ceux qui voulaient l'influencer.

Sa charité embrassait tout, les souffrances de l'âme comme celles du corps. Dans son modeste parloir, la femme du monde succédait souvent à la femme du peuple, et, quelle que fût leur peine, il était bien rare qu'elles se retirassent sans emporter dans leur cœur un peu de cette douce résignation qui fait accepter les maux de la vie. Que de ménages lui ont dû leur retour à la paix, à la confiance mutuelle ! Chez l'ouvrier, l'humble sœur remplissait le rôle de médecin des âmes et opérait des cures merveilleuses ; nous allons en signaler une entre autres.

La Révolution de 1793 avait aboli les privilèges de la noblesse afin de niveler les classes ; mais elle n'avait pu faire ce que Dieu n'a pas permis, c'est qu'il n'y eût plus ni pauvres ni riches ; et, à la place des nobles ruinés par l'exil, la bourgeoisie, composée des commerçants. des industriels, des financiers, de ceux qui exerçaient des professions libérales, montrait encore aux yeux avides de la misère de somptueux hôtels, de riches équipages; il partait donc d'en bas les mêmes plaintes, les mêmes récriminations.

Hébert était un honnête ouvrier du faubourg Saint-Marceau; sa femme était sage et laborieuse, mais la famille, composée d'une vieille mère infirme et de quatre enfants, présentait une charge bien lourde; aussi la misère avait-elle fait invasion dans le pauvre logis.

Le malheur avait aigri Hébert et l'avait rendu injuste. Lorsqu'il voyait passer les enfants des familles aisées, il les comparait aux siens et accusait la divine Providence. Son patron même, celui dont il recevait son salaire, ne trouvait pas grâce à ses yeux, car la jalousie brûlait son cœur. Cette passion violente avait éteint dans son âme toute croyance, et y avait mis à la place une haine profonde contre les ministres d'une religion qu'il maudissait. Les modestes sœurs de l'Épée-de-Bois étaient enveloppées dans cette haine injuste. S'il les rencontrait, allant d'une maison à l'autre, distribuer des aumônes, s'informer des malades, il détournait la tête et pressait le pas en proférant des menaces. Instruites de ces dispositions hostiles, les sœurs n'osaient approcher du pauvre réduit.

Il vint cependant un jour plus sombre encore pour Hébert. L'hiver devint tellement rigoureux, que le prix du pain s'éleva pendant que le travail diminuait, et, pour comble de malheur, la jeune mère de cette nombreuse famille, étant épuisée par les veilles et les privations, ne présentait plus à son dernier né qu'un sein tari. Fou de douleur, Hébert avait quitté sa maison pour ne plus entendre les cris de son enfant. Où allait-il? Il ne le savait pas; il fuyait un tableau déchirant sans avoir le courage de dévoiler sa misère.

Mais la charité veillait à sa porte.

La supérieure du couvent avait en vain essayé de faire parvenir des secours au sein de la pauvre famille; la présence continuelle d'Hébert, son orgueil intraitable, avaient rendu ses tentatives infructueuses. Ce jour-là, la Providence a guidé les pas de la Sœur de charité. Placée à la fenêtre d'une maison voisine, elle a vu sortir l'ouvrier pâle et sombre, elle a entendu les cris plaintifs de l'enfant.

« Hâtons-nous, dit-elle à la religieuse qui l'accompagne; quand le désespoir déserte la maison, c'est à l'espérance d'accourir. »

Elle monte vivement l'escalier vermoulu; dans un seul regard elle a tout embrassé, elle a vu tout ce qui manque. Au bout de quelques instants elle revient, et la triste mansarde se métamorphose sous la baguette magique de la charité.

Hébert ne parut pas de la journée et ne rentra pas dans la nuit: un voisin l'avait rencontré et l'avait entraîné pour l'étourdir chez un marchand de vin. Un excès auquel il n'était pas habitué l'avait laissé ivre-mort. Le lendemain matin, le sommeil ayant dissipé les vapeurs du vin, Hébert eut honte de son action, et se hâta de sortir de l'estaminet. A peine en avait-il passé le seuil, qu'il se trouva en présence d'un cortège funèbre. C'était celui d'un petit enfant, à en juger par la dimension de la bière. Un frisson parcourut tous ses membres, il se rappela dans quel état il avait laissé le sien, et, tremblant, éperdu, il se traîna jusqu'à son domicile... La porte était entr'ouverte. Hébert n'osa la franchir, car pas une seule plainte ne s'y faisait entendre.

Frappé au cœur, bourrelé de remords, l'ouvrier sent
ses genoux fléchir ; il revoit par la pensée le convoi du
petit enfant, et ses mains se joignent, et ce cri qui est
toute une prière : « O mon Dieu ! » s'échappe de ses
lèvres avec un sanglot. Ce sanglot a été entendu. Une
femme se présente au seuil de la porte : cette femme
tient un enfant dans ses bras et porte le costume des
filles de Saint-Vincent-de-Paul. A sa vue, les préventions
de l'ouvrier se réveillent.

« Une religieuse ici ! » s'écrie-t-il d'un ton menaçant,
et, l'insensé ! il ose lever le bras. A cette aveugle colère,
à ce geste outrageant, sœur Rosalie se contente de
répondre :

« Hébert, embrassez donc votre fils ! »

L'enfant tendait ses petits bras et souriait à son père.
Et lui, subjugué, vaincu par la douce autorité de la religieuse, il presse son fils dans ses bras et murmure :

« Pardon, ma sœur ! »

La religieuse se vengea en procurant à l'ouvrier un
travail plus lucratif, ramenant ainsi un peu d'aisance à
son foyer ; elle se vengea en aidant la jeune mère à élever sa nombreuse famille et à faire de ses enfants d'honnêtes ouvriers et de bons chrétiens.

.   .   .   .

Sœur Rosalie avait vu partir pour l'exil le vainqueur
d'Austerlitz, le conquérant superbe que l'Angleterre
enchaîna pendant six années dans l'île étroite de Sainte-
Hélène. Puis était venu le tour des Bourbons ; Charles X,
renversé du trône, avait été contraint de quitter la
France avec son fils et son petit-fils. La branche d'Orléans était venue remplacer le frère de Louis XVI et de
Louis XVIII. Sous ces divers régimes, la petite communauté de l'Épée-de-Bois avait continué ses bonnes

œuvres. Lorsque le choléra vint, en 1832, ravager la capitale, il sembla avoir élu domicile dans le faubourg Saint-Marceau. C'est dans cette circonstance que la sœur Rosalie et ses compagnes firent preuve d'un dévoue-

Sœur Rosalie sauve un mobile.

ment admirable. Deux de ses religieuses ayant été vic- times de ce mal contagieux, la bonne supérieure en éprouva une si grande peine, qu'elle eût voulu s'exposer seule au danger ; elle employait divers subterfuges pour se passer de leurs services dans ces terribles circons--

tances. Les pauvres malades, abandonnés parfois par des parents saisis de terreur, la trouvaient à leur chevet ; quelques-uns, touchés de tant de dévouement, la suppliaient de les fuir, de les laisser à leur malheureux sort ; elle les rassurait et continuait à les assister, dans leurs souffrances. « Dieu ne veut pas encore de moi », leur disait-elle avec un doux sourire.

Elle ne se trompait pas, sa mission n'était point terminée, et Dieu la réservait à subir d'autres épreuves.

Après la disette, après la peste, ces deux fléaux de l'humanité, arrivèrent les jours de triste mémoire, jours de la guerre civile qui éclata après la chute d'un autre trône, celui de Philippe d'Orléans. Cette guerre fratricide, qui eut pour un de ses principaux théâtres le faubourg même de Saint-Marceau, altéra bien plus la santé de sœur Rosalie que ne l'avaient fait jusqu'alors les veilles, les fatigues physiques et les miasmes délétères qui s'échappaient des habitations des pestiférés.

La guerre civile, qui arme les uns contre les autres les enfants du même pays, de la même cité, quelquefois de la même famille ; la guerre civile remplit de tristesse le cœur des citoyens honnêtes. Trois mois à peine s'étaient écoulés depuis le départ du roi pour l'exil, qu'une foule égarée se soulève contre l'Assemblée nationale et fait entendre des cris de menace et de mort. Cette première émeute, réprimée par les bataillons de la garde nationale et de la garde mobile, éclate de nouveau un mois après. Alors les barricades s'élèvent, et le sang coule dans les rues de Paris.

« Ce sont nos enfants qui s'entr'égorgent ! » s'écrie sœur Rosalie, et elle traverse ces hordes furieuses, elle va du faubourg Saint-Marceau au faubourg Saint-Antoine ; partout les fusils s'abaissent devant elle ; mais, au milieu de ces passions violentes, terribles, la voix de la charité ne peut se faire entendre. Sœur Rosalie ne déserte pas néanmoins le lieu du combat; si elle ne peut empêcher l'effusion du sang, elle soignera les blessés, elle recevra leur dernier soupir, et murmurera à leurs oreilles le nom de Dieu.

« Fuyez! lui crie-t-on de tous côtés.

— Au nom du Dieu clément qui vous voit, déposez vos armes », leur répond-elle.

On l'invite de nouveau à se retirer, mais la vaillante femme s'écrie avec énergie :

« Je mourrai au milieu de vous. » Et elle reste agenouillée auprès des blessés qu'elle peut secourir.

Pendant trois jours cette lutte homicide se poursuit sans trêve ni pitié. Les insurgés d'un côté, dans les rangs desquels on voit avec douleur des ouvriers égarés ; de l'autre côté, la garde nationale et cette intéressante garde mobile, composée des courageux enfants du faubourg.

Un soir, sœur Rosalie, rentrée à son couvent, priait avec ses sœurs pour la cessation de cette guerre criminelle. Elle entend un bruit de pas, elle sort de la chapelle et aperçoit un jeune mobile qui vient de franchir le seuil de la sainte demeure.

« Sauvez-moi, ma mère! » s'écrie-t-il. Elle reçoit l'enfant épuisé de fatigue, mais aussitôt arrive un groupe d'insurgés proférant des menaces de mort. Les fusils, les baïonnettes sont dirigés sur la poitrine du malheureux. Sœur Rosalie le couvre de sa robe de bure.

« Il faut qu'il meure ! profère un insurgé.

— Vous m'atteindrez d'abord et vous ferez deux victimes, répond résolument la courageuse sœur ; cet asile qui le sauve aujourd'hui vous sauvera peut-être demain. N'êtes-vous pas tous mes enfants ? »

La fureur des insurgés n'est pas encore désarmée.

Sœur Rosalie se met à leurs genoux et leur adresse cette touchante prière :

« Je ne vous ai jamais rien demandé, mais aujourd'hui je me fais votre suppliante. Au nom de vos malades que j'ai soignés, de vos femmes que j'ai secourues et consolées, au nom de vos petits enfants que j'ai nourris et aimés, pitié ! grâce pour ce malheureux jeune homme ! »

Ces souvenirs évoqués triomphent enfin de la terrible colère de ces hommes égarés ; ils se retirent, et l'enfant est sauvé.

Par le seul ascendant de sa vertu et du respect qu'inspirait son nom devenu si populaire, la modeste supérieure du couvent de l'Épée-de-Bois arracha à la mort plusieurs infortunés. Son cœur eut néanmoins beaucoup à souffrir des pertes cruelles que les sanglantes journées de juin eurent à enregistrer. Le général de Bréa, ce vaillant soldat qui avait si souvent affronté la mort sur les champs de bataille, est lâchement assassiné à la barrière de Fontainebleau, au moment où il essayait de faire entendre des paroles de paix. Pour clore, hélas ! ces funestes jours, pour arrêter le débordement des passions déchaînées, il fallut une grande victime de plus, victime volontaire, dont l'héroïque mort fut acceptée en expiation de tant de sang versé ; cette sainte victime, ce fut Mgr Affre, archevêque de Paris. Le sang coulait toujours, et les clameurs des combattants, la détonation des armes à feu retentissaient comme des cloches funèbres dans le cœur du pieux évêque. Déjà, plusieurs fois, il avait essayé de sortir de son palais épiscopal, où l'on veillait sur lui. Mais à la fin il n'y tint plus, et, suivi de ses deux vicaires, qui insistent pour le suivre, il se dirige vers le faubourg

Saint-Antoine ; sa seule arme en présence de l'ennemi est une branche d'olivier. Son arrivée suspend un instant cette lutte homicide. Le prélat tend vers eux les bras :

« Cessez le feu, s'écrie-t-il, c'est votre pasteur qui vous en conjure ! »

A peine a-t-il prononcé ces paroles, qu'une balle vient le frapper. Un cri immense d'indignation et de douleur proteste contre cet acte impie. On s'empresse, on le transporte, et un cortège attristé l'accompagne. La pieuse victime expire en prononçant ces paroles admirables :

« Le bon Pasteur donne sa vie pour ses brebis. Que mon sang soit le dernier versé !... »

Dieu entendit le vœu de l'auguste martyr, et bientôt les insurgés, sommés de nouveau de mettre bas les armes, se rendent enfin. Cette journée funeste avait coûté cinq mille hommes à notre pays.

Sœur Rosalie perdait en Mgr Affre un généreux protecteur, toujours prêt à s'associer à ses bonnes œuvres. Elle éprouva une douleur profonde. Elle avait déjà vu mourir Mgr de Quélen, qui l'avait puissamment secondée dans son dévouement à secourir les pestiférés ; c'était ce même prélat qui l'avait choisie pour auxiliaire lors de la création de l'établissement des orphelins du choléra. La supérieure du couvent de l'Épée-de-Bois s'était donc trouvée en rapport avec tous les hommes éminents de son époque, et n'était restée étrangère à aucune œuvre de charité. Lorsqu'on la louait de son amour pour les pauvres, elle répondait avec humilité : « Je ne suis que leur servante. »

On s'étonnait qu'elle pût suffire à tant de travaux. Ses sœurs, qui voyaient peu à peu sa santé s'altérer, eussent voulu ralentir l'élan de son zèle ; mais elles ne pouvaient y parvenir. Les grands du monde, comme les plus humbles, la ville entière, l'avaient désignée déjà à l'attention du chef de l'État. Honorer de telles vertus, c'était s'honorer soi-même; c'est ce que comprit Louis-Napoléon; il fit porter à la modeste religieuse la croix destinée à récompenser tous les courages, la croix d'honneur. Lorsque M. de Persigny, chargé de la lui remettre, se présenta et lui rendit compte de sa mission, l'humble fille lui montra la croix de son rosaire, disant qu'elle ne désirait pas en porter une autre; mais force lui fut d'accepter cette distinction honorifique, que chacun eût été heureux de voir briller sur sa robe de bure.

Peu de temps après, sœur Rosalie, menacée de perdre la vue, soutint avec courage l'opération de la cataracte; malheureusement l'opération ne réussit pas.

« Je vois bien, dit-elle avec résignation, que Dieu veut me rappeler à lui. »

Elle ne se trompait pas, son œuvre était terminée, et le Ciel avait hâte de récompenser tant de vertus. Les derniers jours de sa vie ne furent qu'une offrande faite à Dieu des douleurs qui tourmentaient ce corps épuisé, mais dans lequel l'âme restait vaillante, élevée au-dessus des terreurs de la mort.

Le dernier vœu de sœur Rosalie fut inspiré par son humilité et son amour pour les pauvres. Elle exprima le désir d'être conduite à sa dernière demeure dans le corbillard des indigents, ses frères bien-aimés. Mais elle n'était plus là pour contenir les témoignages de la reconnaissance, du respect et de l'amour, et, ainsi que nous l'avons vu au commencement de ce récit, chacun s'empressa de payer son tribut à une aussi chère mémoire. Bien plus, les pauvres de son quartier briguèrent l'honneur de lui élever à leurs frais un mausolée, lequel est

resté comme une attestation éloquente des bienfaits que
la modeste sœur de Saint-Vincent-de-Paul avait répandus autour d'elle.

resté comme une attestation éloquente des bienfaits que
la modeste sœur de Saint-Vincent-de-Paul avait répandus autour d'elle.

LE BARON LARREY

OU

LA PROVIDENCE DU SOLDAT

———

Le premier Empire, qui avait vu une humble fille de Saint-Vincent-de-Paul étonner le peuple de Paris par la multiplicité de ses bonnes œuvres ; le premier Empire eut le bonheur de compter parmi ses chirurgiens militaires le brave, le dévoué Larrey. Qui de nous n'éprouve pas un vif sentiment de sympathie pour ce fidèle ami du soldat, lequel disputa si souvent à la mort nos pauvres blessés ?

Né dans la petite commune de Baudéan, au pied des montagnes, Dominique Larrey exerçait déjà, auprès des jeunes pâtres ses voisins, son ministère de charité. Il avait hâte de panser leurs blessures, de leur inspirer le courage de souffrir. Dès lors sa vocation était toute trouvée, et il se prépara par une jeunesse studieuse à une carrière qu'il appelait lui-même un apostolat. Envoyé à Paris pour y suivre les cours, il se forma à l'école d'hommes tels que Dussault et Sabatier, et sut mériter l'affection de ces deux maîtres éminents, qui ne négligèrent rien pour mettre en relief son talent et son zèle ; aussi avait-il à peine vingt-huit ans lorsqu'il fut nommé chirurgien en chef.

9

Hélas! la situation dans laquelle se trouvait la France offrait à tous les dévouements l'occasion de se produire. Troublée à l'intérieur, menacée de toutes parts, sur les bords du Rhin comme sur les côtes de l'Océan, elle se trouvait en présence de toutes les misères et de tous les dangers. Un jeune général de vingt-sept ans, qui s'était illustré au siège de Toulon, venait d'obtenir le commandement en chef de l'armée d'Italie. Ébloui du prestige qui s'attachait déjà à la personne du héros, Larrey sollicite l'honneur de l'accompagner. A partir de cet instant, le guerrier, qui ne se fatigua jamais de la lutte; le chirurgien, qui ne se lassa jamais de secourir les blessés et de les disputer à la mort, ne se quittèrent qu'au jour où le héros moderne quitta la France pour Sainte-Hélène. Quel contraste offre cependant la mission de ces deux hommes! le premier, conquérant superbe, renverse et foudroie tout ce qui s'oppose à sa marche triomphale; le second multiplie ses efforts pour réparer les maux qu'a coûtés la victoire. Pendant que le général suit de son œil d'aigle les mouvements de son armée, le brave Larrey est là, lui aussi, sur le champ de bataille; il est là, non pour donner la mort, mais pour la combattre. Les balles sifflent autour de lui, il ne les entend pas; penché sur le corps du soldat tombé, il cherche la place de son cœur, et si ce cœur fait entendre quelques vibrations, l'œil du chirurgien s'anime... Il enlève lui-même quelquefois le mourant, et, chargé de son précieux fardeau, il essaye de regagner sa tente; s'il ne peut y parvenir, il le transporte sur la lisière d'un bois ou dans un fossé, n'importe où, pourvu qu'un homme, une créature de Dieu ne périsse pas, faute de secours. Aussi, à la fin de ces terribles journées, à l'heure où les ténèbres descendent en s'épaississant sur ces scènes de carnage, et empêchent les balles d'atteindre leur but, quand il faut prendre un repos forcé, ne me demandez pas quel est celui, du général même victorieux ou du chirurgien militaire, quel est celui dont l'âme recouvre le plus tôt sa sérénité.

Larrey revint en France à la suite de l'armée victorieuse; le gouvernement et la population s'étaient réunis pour faire au jeune chef une réception triomphale; on lui décerna un drapeau sur lequel étaient inscrits les noms des dix-huit batailles qu'il avait gagnées. Dans cette ovation, personne ne pensa au jeune chirurgien militaire qui avait si souvent exposé sa vie pour conserver celle de ses frères. — Personne, ah! ne croyez pas à une telle ingratitude; car si le nom de Larrey n'était pas tracé sur l'étendard qui rappelait nos combats, il était resté profondément gravé dans le cœur de nos soldats blessés, que l'énergie, que l'habileté rare du chirurgien avaient sauvés de la mort.

Bientôt les regards du général qui tenait en ses mains les destinées de notre pays se tournèrent vers l'Egypte, cette terre des vieux souvenirs. Bonaparte songeait alors à se frayer, s'il était possible, un chemin vers l'Arabie, la Syrie et l'Inde, espérant atteindre l'Angleterre dans ses possessions, et y ruiner le commerce et l'influence de cette fière et puissante rivale.

« J'emmène Larrey, s'il consent à me suivre, avait dit Bonaparte.

— Ma place doit être où sera le danger », répondit simplement le chirurgien.

Cette expédition, pendant laquelle nos armées eurent à lutter contre le courage désespéré des mameluks, contre les ardeurs d'un soleil brûlant, ajouta, malgré le désastre d'Aboukir, de beaux faits d'armes à notre histoire.

Maître de l'Égypte, le héros poursuit ses conquêtes et traverse le désert ; il arrive en Syrie et vient mettre le siège devant Saint-Jean-d'Acre ou Ptolémaïs ; mais cette ville est vaillamment défendue par les Turcs et par les Anglais, qui repoussent nos armées au bout de soixante jours de combats meurtriers. C'est pendant ce siège que le brave Larrey est atteint d'une balle au moment où il enlevait un blessé sur le champ de bataille, sous le feu même de l'ennemi. Le danger qu'il courut le sauva d'un autre danger.

On tremblait pour les jours du courageux chirurgien, lorsque Bonaparte voulut venger l'échec éprouvé devant Saint-Jean-d'Acre, en s'emparant de la ville et du port de Jaffa. Après une lutte acharnée, l'antique Joppé est forcée de se rendre. Mais, hélas ! elle lègue à nos soldats vainqueurs les premiers germes de la peste, et un grand nombre sont destinés à ne jamais revoir le soleil de la patrie. Napoléon les visite et les encourage, pendant qu'un médecin, dont le nom est bien digne de figurer à coté de celui de Larrey, son ami, pousse le dévouement jusqu'à s'inoculer le virus pestilentiel, afin de relever le courage abattu de nos soldats ; dévouement admirable, que des plumes plus éloquentes ont célébré ; Desgenettes, nom glorieux que l'écrivain ne peut tracer sans éprouver une douce émotion. La renommée du célèbre médecin de la Faculté de Paris ne nuit en rien à celle de notre héros ; l'un et l'autre suivaient la même voie : celle du devoir et du dévouement. Ils se complétaient sans se nuire, l'un comme médecin, l'autre comme chirurgien, comme opérateur habile.

Lorsque Bonaparte songe à quitter l'Orient et à remettre le commandement au général Kléber, c'est Larrey qui en reçoit le premier la confidence.

« Vous me suivrez, dit le héros, car l'air natal est
utile à votre santé éprouvée. Quant à moi, je n'ai plus
rien à faire ici, et de tristes nouvelles sont venues confir-
mer mes craintes. Le Directoire, qui se débat dans sa

Mort de Desaix.

faiblesse et son incapacité, a laissé l'Autriche nous
reprendre l'Italie, et je brûle de repasser les Alpes. Je
compte sur vous, Larrey, nous repartirons ensemble. »
    Le vainqueur de Marengo avait déjà le don de persua-
der, d'entraîner, et cependant ce ne fut pas sans regret

que le chirurgien quitta secrètement l'armée d'Égypte,
et monta sur la frégate qui devait ramener Bonaparte en
Europe. Nous savons que le héros échappa comme par
miracle aux croisières anglaises qui sillonnaient la
Méditerranée dans toutes les directions. Il débarqua
à Fréjus, se servit de son influence populaire, du concours du Conseil des anciens, de celui de l'armée, pour
renverser le Directoire. Mais Bonaparte, nommé premier consul, ne perd pas de vue la conquête que
l'Autriche lui a arrachée. Larrey l'accompagne dans cette
expédition, qui fut couronnée par la victoire de Marengo.
Cette bataille, dont un historien a dit : « Le nom de
Marengo doit être écrit dans nos annales en caractères
de gloire, de feu et de sang », cette bataille coûta la vie
au brave Desaix. Ce général, à la tête de la réserve, composée de six mille hommes, avait tenu tête à une
colonne autrichienne et contribué puissamment à la victoire. Frappé d'une balle en pleine poitrine, il fut enlevé
du champ de bataille par le courageux Larrey ; mais
celui-ci n'eut même pas le temps de sonder la plaie du
blessé, qui mourut entre ses bras en le bénissant.

L'année suivante, l'Angleterre était contrainte de
signer le fameux traité d'Amiens. Les conditions avantageuses que ce traité faisait à la France portaient au plus
haut point la puissance du héros, que le Sénat et le Corps
législatif s'empressèrent de nommer consul à vie. Bientôt ces deux grands corps de l'État proposèrent le vote
de l'empire héréditaire ; ce vote fut aussitôt ratifié par
trois millions de suffrages. Dévoué au grand homme qu'il
admire, Larrey continue à suivre la fortune du nouvel
empereur ; partout nous le retrouvons, aux grands jours
de victoire, à Austerlitz, dont Napoléon avait dit dans
une proclamation à ses soldats : « Vous avez décoré vos

aigles d'une gloire immortelle, et il vous suffira de dire un jour : Je combattais à Austerlitz, pour qu'on vous réponde : « Voilà un brave. » Dans cette terrible journée (2 décembre 1805), où les deux empereurs de Russie et d'Autriche avaient été contraints de prendre la fuite, le chirurgien Larrey avait fait pour la première fois usage des ambulances volantes, qu'il avait inventées pour donner aux blessés des soins plus immédiats. Le soir de la bataille, il revenait au camp, brisé de fatigue, lorsque, passant près d'un fossé, il entend un gémissement ; il accourt. — C'est sans doute un frère oublié qui l'implore, il va le secourir. — Non, c'est un Autrichien, un adolescent dont le sang s'échappe abondamment d'une large blessure. Hélas ! sentant la vie lui échapper, il appelait sa mère à son secours. Larrey a bien reconnu l'uniforme du soldat autrichien ; mais qu'importe ? sous cet uniforme bat le cœur d'une créature de Dieu ; il n'hésite pas, il s'agenouille devant le blessé et lui prodigue les premiers soins. Puis il le charge sur ses robustes épaules et le porte dans l'habitation la plus voisine, le panse avec une admirable sollicitude et le rassure en lui affirmant que sa blessure n'est pas mortelle ; et comme l'enfant joignait les mains pour le remercier, pour le bénir, le bon Larrey lui dit : « Si vous vous retrouvez un jour en présence d'un Français et que vous puissiez lui être utile, acquittez-vous alors de la dette contractée envers moi. »

Après le glorieux traité de Tilsitt, qui enleva le duché de Varsovie à la Prusse, et celui de Schœnbrünn, qui anéantit la puissance de la monarchie autrichienne, Napoléon, arrivé à l'apogée de sa gloire, commença cette désastreuse guerre de Russie pendant laquelle Larrey fit preuve du dévouement le plus admirable. Combien son

grand cœur dut souffrir des maux dont il fut le témoin,
des vœux suprêmes qu'il reçut de la bouche expirante de
nos soldats, décimés par le froid, par la faim, sur cette
terre étrangère, dans un pays ruiné par la guerre, et
que les rigueurs de l'hiver rendaient encore plus inhospitalier ! Quand le brave chirurgien revint à la suite des
derniers débris de la plus belle, de la plus vaillante
armée qu'on eût jamais vue, il avait vieilli de dix ans.
Les honneurs dont le combla l'empereur en le créant
baron et en déclarant qu'il ne connaissait personne au
monde qui fût plus vertueux que Larrey, ces honneurs,
ces louanges méritées, ne pouvaient effacer chez cet ami
dévoué du soldat les souvenirs du drame émouvant de la
guerre de Russie. Ce désastre exerça, du reste, une
fâcheuse influence sur la destinée de Napoléon, dont
l'étoile commença dés lors à pâlir. La France, lasse de
tant de conquêtes qu'avait payées le sang de ses enfants,
demandait du repos. Les nations humiliées se coalisent
pour venger leurs défaites ; Napoléon perd la bataille de
Leipsick, se replie vers la France, mais les armées alliées
l'y suivent, et l'empereur ne peut arrêter leur marche ni
par la victoire de Brienne ni par celle de Montmirail ;
l'étranger arrive ainsi jusque sous les murs de Paris, qui
n'ayant pu être fortifié, est forcé de se rendre. Le lendemain, le héros se voit contraint de signer son abdication,
et celui qui avait disposé de plusieurs couronnes accepte
la souveraineté d'une petite île de la Méditerranée.

Un an plus tard, le conquérant reparaît, débarque à
Cannes et arrive sans obstacle à Paris, qui lui ouvre ses
portes. Ce retour au pouvoir ne dura que cent jours.
Trahi par la fortune et par quelques-uns de ses amis, le
héros, malgré des prodiges de valeur, succombe à Water-
loo, où le brave Larrey est atteint par le feu de l'ennemi,

au moment où il vient disputer à la mort les nombreux
blessés. Il tombe et ne se relève qu'entouré de soldats
ennemis qui l'ont fait prisonnier. Pendant qu'il prend le
chemin de l'exil, l'Anglais, abusant de la confiance de
Napoléon, dirige l'empereur déchu vers le rocher stérile
de Sainte-Hélène.

Plus heureux que le héros dont il a suivi constam-
ment la fortune, Larrey revint en France à la conclu-
sion de la paix. Louis XVIII, l'aîné des Bourbons, est
remonté sur le trône de ses pères. Ce prince, que l'on
a reconnu comme un juste appréciateur du mérite, dans
quelque situation qu'il le rencontrât, fait offrir à Larrey
le poste honorable de chirurgien en chef des Invalides.
Le roi ne gardait pas rancune à l'ami de l'exilé de Sainte-
Hélène ; de son côté, l'honnête chirurgien n'accepte cette
charge ni par cupidité ni par défection, mais ce nouvel
emploi, qui le place à côté du soldat éprouvé par les
rigueurs de la guerre, répond aux secrets désirs de son
cœur. Son culte pour le héros qui l'avait honoré de sa
confiance et de son amitié n'en fut pas toutefois amoindri,
et Napoléon lui rendit lui-même ce glorieux témoignage,
en lui léguant par son testament une somme de cent
mille francs, car il n'ignorait pas que l'excellent homme
n'avait jamais songé à sa propre fortune.

La vie de Larrey s'écoulait paisiblement au milieu de
ces braves qui le chérissaient, et pendant ce temps une
une révolution nouvelle enlevait le sceptre aux Bourbons
pour le placer dans les mains de la famille d'Orléans,
dont le chef devait, sous le nom de Louis-Philippe Ier,
gouverner la France pendant dix-huit années. Sous ce
règne, l'Algérie est conquise, et le gouvernement fait de
généreux efforts pour pacifier cette colonie en y intro-
duisant peu à peu les réformes nécessaires ; l'état déplo-

rable des hôpitaux excite surtout sa pitié. Le roi charge le baron Larrey de l'inspection de ces asiles, où la charité et le dévouement ont besoin d'opérer, pour ainsi dire, des miracles. Dans cette mission nouvelle, l'infatigable chirurgien rencontre partout des obstacles ; mais son zèle est à la hauteur de ces difficultés, et, grâce à un travail incessant, tout s'organise, et la charité triomphe. Toutefois les années, moins encore que l'étude, et les durs labeurs dont sa vie a été remplie, ont épuisé les forces de cet homme de bien. Larrey est forcé de revenir en France. Les fatigues du voyage avancèrent, dit-on, ses jours ; l'éminent chirurgien fut contraint de s'arrêter à Lyon, où il rendit le dernier soupir. Notre pays perdit ainsi une de ses gloires, et la charité un de ses plus généreux apôtres.

Comme citoyen et comme savant, Larrey a des droits incontestables à la reconnaissance et à l'admiration ; la chirurgie lui doit les innovations les plus importantes, les découvertes les plus précieuses. Sa statue en bronze, due à l'habile main de David d'Angers, est placée à l'hôpital du Val-de-Grâce, dont le célèbre chirurgien fut un des professeurs presque au début de sa carrière.

JASMIN

A la fin du siècle dernier, naissait dans l'ancien Agenais, et dans la maison d'un pauvre tailleur, un enfant dont le nom sympathique est resté dans toutes les mémoires : Jasmin, le poète populaire, aimé, qui sut revêtir du pittoresque patois gascon des pensées fines, profondes et délicates. La misère était grande dans le pauvre logis, quand notre futur poète vint au monde. Lui-même semblait destiné à n'apporter aucune joie à ce toit visité par la misère et par la maladie. Sa naissance faillit coûter la vie à sa mère, et, quand des voisines obligeantes venaient donner des soins à la pauvre femme, elles ne jetaient qu'un regard de compassion sur le nouveau-né, dont l'état souffreteux donnait bien peu d'espérance.

Le petit Jacques survécut toutefois à ces premières épreuves ; mais il resta bien longtemps au-dessous des enfants de son âge pour la taille et pour la force. Heureusement la nature se montra plus généreuse pour les dons de l'esprit que pour ceux du corps. Jasmin annonça de bonne heure une imagination vive, qui se révélait par des réponses fines, spirituelles et parfois mordantes, quand

l'enfant avait à se venger d'une injustice quelconque.
Ce fut en effet le besoin de se défendre qui lui inspira ses
premières rimes, ses premières chansons. On raconte
qu'un postillon brutal ayant frappé le pauvre enfant qui
se trouvait sur son passage, celui-ci s'en vengea par une
petite satire composée de deux couplets qu'on entendit
bientôt chanter par toute la gent écolière du quartier.
Ces refrains répétés devinrent un véritable châtiment
pour le postillon, qui fut contraint de quitter le pays.
Ce premier essai poétique porta bonheur à Jacques en
le délivrant des agressions auxquelles il avait été si souvent en butte de la part de ses camarades. On cessa
d'en faire un souffre-douleur, on commença à compter
avec lui. Lorsqu'au retour de l'école un des plus malins
venait à lui chercher querelle, les autres s'écriaient
dans le patois du pays : « Prends garde, il te ferait une
chanson. »

Après avoir suivi les cours de l'école communale,
Jasmin entra au séminaire, grâce à la protection d'un
client du pauvre tailleur. Il faisait de rapides progrès,
lorsque son père, désireux de lui donner un état, vint le
réclamer pour le confier à un coiffeur de son voisinage.
Jasmin montra bientôt autant d'adresse que de goût et
s'attacha à sa profession ; il ne tarda pas non plus à
prouver que chez lui le cœur valait bien l'esprit, car
son premier gain fut consacré à sa mère. Combien il
était fier et heureux, lorsque, le dimanche, il venait
déposer dans les mains de l'excellente femme ses épargnes
de la semaine ! Il grandit ainsi ; plus tard, ayant fait
choix d'une douce et aimable compagne, il vint ouvrir,
sur la promenade du Gravier, un salon de coiffure que
fréquenta bientôt la jeunesse d'Agen ; la fortune commença dès lors à lui sourire. La verve entraînante, les

spirituelles chansons de l'aimable rimeur qui travaillait
à devenir poète, contribuèrent puissamment à la prospérité de l'ouvrier.

Après le travail de chaque jour, Jasmin, se dérobant
aux douces joies de la famille, venait consacrer de
longues heures à l'étude de l'idiome gascon, cet idiome
souple, harmonieux, qui se prête si merveilleusement à
la poésie, et dans lequel on avait cessé d'écrire depuis
près de deux siècles, mais que le peuple du Midi avait si
pieusement conservé. Jasmin l'étudia avec amour, avec
enthousiasme, et l'inspiration aidant, il parvint à en
faire ressortir la richesse et l'élégance. Il avait trente ans
lorsqu'il publia ses premiers poèmes, réunis sous ce nom :
les Papillotes. On se disputa bientôt ces œuvres charmantes, où la sensibilité se joignait à l'harmonie du
langage, à la finesse de la pensée. Ce fut sous l'égide de
la religion et de la charité que commença l'immense
popularité du poète gascon.

Il visitait un jour un vieil ami de sa famille, desservant d'une commune voisine. Le bon curé était chéri de
ses paroissiens, mais la localité était pauvre et disposait
de très peu de ressources ; aussi le presbytère était-il
ouvert à tous les vents, et la pluie y pénétrait à travers
la toiture en mauvais état. Quelque incommode et misérable que fût sa demeure, le pieux ministre des autels
en aurait supporté sans se plaindre les nombreux incon-
vénients ; il en plaisantait lui-même avec une bonho-
mie touchante. Mais ce qui l'humiliait, ce qui attristait
profondément son cœur d'apôtre, c'était la pauvreté,
le délabrement de son église. Que de fois le bon curé
avait jeté un regard désolé sur l'autel de bois vermoulu
dans le tabernacle duquel reposait l'hostie sainte ! car,
hélas ! dans ce vieux temple, rien n'était en rapport avec

la dignité du culte, et la peine qu'en éprouvait l'humble desservant était si vive, qu'il en était préoccupé le jour et qu'il en rêvait la nuit. Parfois un songe bienfaisant lui montrait une église nouvelle s'élevant sur les ruines de l'ancienne : là, tout était à sa place, tout respirait l'ordre, l'harmonie ; mais malheureusement ce n'était qu'un rêve, et le ministre du Seigneur se réveillait au son discordant de la cloche fêlée qui annonçait l'Angélus. Jasmin fut ému, et de la douleur du bon prêtre, et du piteux état du temple consacré à Dieu.

« Votre rêve deviendra, je l'espère, une réalité, dit-il au pasteur surpris ; avant peu les ouvriers se mettront à l'œuvre et bâtiront sous vos yeux une charmante église.

— Mais qui voudra se charger de frais aussi considérables ? répondit le curé en secouant la tête d'un air de doute.

— Moi, dit le poète.

— Vous ! » et le prêtre ne put dissimuler un sourire d'incrédulité.

« Ah ! ce ne sera pas en frisant les papillottes de nos dames, mais peut-être en redisant les miennes », répondit Jasmin, faisant ainsi allusion aux poésies qu'il avait réunies sous ce titre.

Ce fut donc une pieuse pensée qui décida notre jeune poète à suivre l'exemple des troubadours du moyen âge, qui, partis pour la plupart de nos provinces du Midi, allaient chanter leurs vers dans les manoirs et dans les nobles assemblées. Comme eux, le poète gascon reçut la plus gracieuse hospitalité. La charité, qui avait inspiré sa résolution, ajoutait encore à la sympathie que l'on accordait à son talent. Toutes les villes de la Guyenne et de la Gascogne applaudissent à ses chants. Cette tournée, vraiment triomphale, valut au bon curé une église nouvelle.

A partir de ce jour, la popularité de Jasmin grandit comme sa fortune. Le poète ne se laissa point éblouir par sa prospérité ; il ne songea qu'à en faire profiter ceux qui souffraient ce qu'il avait souffert. Sa muse, surnommée la Muse de la Charité, fut toujours au service de toutes les misères comme de toutes les douleurs. Pendant cinq années, de 1830 à 1835, elle gémit sur les maux de la Pologne asservie, qui fait d'héroïques efforts pour reconquérir ses lois et sa nationalité. Les chants inspirés de Jasmin furent partout applaudis avec enthousiasme ; malheureusement le poète n'obtint pour la brave et vaillante nation que des vœux stériles. Abandonnés à leurs propres forces, les Polonais, écrasés par le nombre, perdirent toute espérance et virent se resserrer leurs chaînes.

Pendant près de vingt années, nous voyons Jasmin associé à toutes les pensées généreuses, à toutes les œuvres de bienfaisance. Pendant un hiver rigoureux, la petite ville de Tonneins, ne pouvant suffire à secourir ses indigents, fait appel au cœur du poète agenais. Il accourt, suivi de la jeunesse enthousiaste de son pays. Une soirée littéraire couvre de gloire Jasmin, et, grâce à une recette fructueuse, les pauvres, les ouvriers sans ouvrage sont soulagés dans leur misère. Ici c'est une crèche qu'il faut aider à fonder, et le fils du pauvre tailleur d'Agen prête avec empressement le concours de son génie aux petits êtres déshérités, comme il le fut, des heureux dons de la fortune. Ils connaîtront les douceurs dont il a été lui-même privé ; il dormiront dans un petit berceau préparé avec soin dans une salle vaste, aérée ; ils trouveront, à leur réveil, des mères attentives, pen-

dant que leurs vraies mères gagnent le pain du jour. Oh !
parmi les fondations inspirées par la charité chrétienne,
la crèche et la salle d'asile ne sont-elles pas des plus
touchantes ! Jasmin est infatigable dans sa course
philanthropique : n'y a-t-il pas toujours une bonne
œuvre à accomplir, un désastre à réparer? Aussi voyez
comme Dieu le seconde ! Les obstacles s'aplanissent
devant ses pas, sa tournée littéraire est féconde en
triomphes. Nulle vie n'offrit peut-être l'exemple d'un
succès aussi constant. Les honneurs pleuvent sur le poète.
Le Capitole de Toulouse, la célèbre académie de Clémence Isaure, lui décerne le titre envié de maître ès jeux
floraux ; sa ville natale lui offre une couronne d'or, et
le ministre lui envoie la croix de la Légion d'honneur.
En 1853, l'Académie française lui décerne le grand prix
dans une de ses assemblées où un écrivain distingué,
M. Villemain, fait un panégyrique éloquent et judicieux
des œuvres du poète.

Une douce vieillesse couronna la vie de Jasmin. Sa
réputation a survécu au temps, à la mort, et ses bonnes
œuvres l'ont suivi au tribunal de Dieu. Sa muse a gardé
le nom que les populations enthousiastes du Midi lui
avaient décerné, le nom sympathique de *Sœur de
Charité*.

VINCENT DE PAUL

L'INTENDANT DE LA PROVIDENCE

En 1576, naissait près de Dax, au village de Pouy, dans une humble demeure désignée dans le pays sous le nom des Banquines, un enfant qui devait laisser un jour la plus glorieuse comme la plus touchante renommée ; c'est vous nommer saint Vincent de Paul.

J'ai visité ce modeste berceau du jeune pâtre, et je me suis agenouillé au pied du petit autel sur lequel ont été déposées quelques pieuses reliques du saint. A chaque pas fait sur ce petit coin de terre, où l'enfant béni de Dieu a vu s'écouler ses jeunes années, j'ai rencontré un souvenir qui le rappelle. Ici, c'est le chêne encore vigoureux à l'ombre duquel il venait s'asseoir pendant qu'il gardait son troupeau ; un peu plus loin s'élève un établissement de charité, desservi par des sœurs de Saint-Vincent-de-Paul, qui sont animées de l'esprit et du zèle de leur bienheureux fondateur.

Les premiers temps de la vie de ce généreux apôtre furent consacrés à des labeurs obscurs ; mais son heure était marquée, et la vocation que Dieu avait placée lui-même au fond de ce cœur brûlant de charité devait se révéler en présence des grandes misères sociales qui

désolaient alors notre pays, ruiné par les guerres civiles
et religieuses. Suivant les conseils du digne desservant
de Pouy, Jean de Paul confia l'instruction de son fils aux
cordeliers de Dax. Jaloux de répondre aux sacrifices
que s'imposaient ses parents, Vincent se mit courageusement au travail et étonna bientôt ses maîtres par ses
progrès et sa profonde piété. Il n'avait que seize ans
lorsque M. de Commet, avocat à la cour de Dax, désira
le donner pour précepteur à ses deux fils ; le jeune étu-
diant accepta avec reconnaissance cette occasion de
pouvoir travailler pour lui-même sans augmenter la gêne
de sa famille. Il passa cinq années au sein de cette famille
chrétienne, où il était estimé et aimé. Pendant ce temps
M. de Commet avait pu reconnaître les inclinations
toutes particulières du jeune maître de ses enfants, et,
loin de chercher à les amoindrir, il ne pensa qu'à les
développer, fier de conquérir à l'Église un tel serviteur.
Encouragé par son bienfaiteur, Vincent entre dans les
ordres ; il reçoit la tonsure des mains de l'évêque de
Tarbes, et il est envoyé à l'Université religieuse de Toulouse, où il consacre sept années consécutives à ses
études théologiques, et est ordonné prêtre vers la fin de
l'année 1600.

Aussitôt après, Dieu le soumet à de grandes épreuves.
Appelé à Marseille pour y régler des affaires de famille,
il est sollicité par un gentilhomme languedocien de
prendre avec lui la voie de mer jusqu'à Narbonne. Nous
savons que la barque qui le portait ayant été prise par
des corsaires turcs, il fut avec ses compagnons conduit
sur les côtes de Barbarie et vendu comme esclave. Il
passa dans cette condition sous l'autorité de plusieurs
maîtres, qui ne purent parvenir à lasser sa patience ni à
altérer sa foi. Le dernier fut un renégat de Nice. Une des

femmes de ce nouveau maître, ayant entendu l'esclave chanter les beaux cantiques que le prophète place dans la bouche des enfants d'Israël captifs à Babylone, s'émut des accents de Vincent, et se plut à lui faire redire les dogmes admirables de la religion chrétienne ; elle en parlait souvent à son mari, chez lequel se réveillèrent alors les souvenirs des premières croyances. Les hésitations de cet homme durèrent près de dix mois, car la cupidité luttait avec énergie contre ses bons désirs ; à la fin, Vincent inspiré de Dieu, acheva cette difficile conversion. Le renégat abandonna tout ce qu'il avait aimé, et quitta Tunis en fugitif, s'attachant aux pas de l'esclave dont il avait brisé les fers.

Tous les deux débarquèrent à Aigues-Mortes et parvinrent à Avignon, où le renégat fit une abjuration solennelle et touchante de ses erreurs passées, et reçut le baptême.

Mais Dieu avait rappelé en France son fidèle serviteur pour lui inspirer ses grands desseins ; le fils des humbles paysans de Pouy va passer par les diverses phases de l'existence la plus étonnante, la plus propre à confondre l'orgueil des grands de ce monde.

Le secrétaire de Marguerite de Valois épouse délaissée du roi Henri, désigne Vincent de Paul au choix de la reine pour remplir auprès d'elle l'office d'aumônier. Mais bientôt cet emploi effarouche son humilité : il cherche un séjour plus calme, et c'est alors que Dieu le met en présence d'un personnage éminent par sa piété et ses bonnes œuvres, M. de Bérulle. M. de Bérulle et Vincent de Paul, utile et touchante association! C'est de ce pieux cardinal que la divine Providence saura se servir pour retirer de l'obscurité le prêtre landais, pour le mettre presque forcément en contact avec ces grands du monde,

dont la puissance et la fortune sont nécessaires à l'exécution de ses grands desseins. C'est ainsi que, sur les pressantes sollicitations de son protecteur et ami, l'humble
ministre du Seigneur quittera avec un grand déchire-
ment de l'âme la cure de Clichy, où il n'a eu que le temps
de se faire connaître et de se faire aimer. « Je m'éloignai
« tristement de ma petite église, écrivait-il à un de ses
« amis, mes yeux étaient baignés de larmes, et je bénis
« ces hommes, ces femmes, ces enfants qui venaient
« vers moi et que j'avais tant aimés ; mes pauvres y
« étaient aussi, et ceux-là me fendent le cœur. »

De cette modeste paroisse Vincent fut introduit par
le cardinal dans l'illustre famille de Gondi, dont le chef
était messire Emmanuel de Gondi, époux de Françoise-
Marguerite de Silly. Les deux enfants de cette puissante
maison, Pierre et Henri, furent confiés à la direction du
digne prêtre. L'année suivante, un autre fils naquit dans
cette famille ; ce fut le trop célèbre Jean-François de
Gondi, connu dans l'histoire sous le nom de cardinal
de Retz.

L'influence que les vertus du saint exercèrent sur
M. et Mme de Gondi lui permit de jeter les premiers
fondements des établissements de charité auxquels son
nom reste attaché. Secondé par sa protectrice Marguerite de Silly, il gagna les femmes du monde au service
des pauvres, surtout des malades et des infirmes. Une
association ayant ses règlements et ses engagements fut
fondée et devint l'origine des confréries de la Charité.
Le grand cœur de Vincent de Paul le porte vers toutes
les misères de l'humanité ; il songe à toutes les infortunes ; aussi le voit-on solliciter de M. de Gondi, général
des galères, la permission de visiter les criminels placés
sous son autorité. Le pieux prêtre se sent touché de la

plus profonde compassion pour les malheureux entassés
dans la Conciergerie. C'était là qu'on enfermait les
condamnés avant de les diriger vers un de nos ports

Saint Vincent de Paul.

de mer; ils restaient quelquefois longtemps dans ces
cachots infects; oubliés de leurs semblables et privés
des soins de l'âme et du corps, ce qui transformait la

Conciergerie en un enfer, d'où s'exhalaient des plaintes jointes à des cris de révolte et de blasphème. Saint Vincent intéresse en leur faveur Emmanuel de Gondi, lui représentant que ces malheureux étaient placés sous sa direction spéciale et qu'il était leur protecteur immédiat. Ému de ses accents, le général des galères promet de le seconder de tout son pouvoir pour adoucir le sort de ces infortunés. Une vaste maison du faubourg Saint-Honoré est mise à la disposition des condamnés ; là ils recevront l'air, la lumière, et les soins spirituels en même temps que les soins corporels. Le précepteur des jeunes de Gondi devient leur aumônier, leur ami. Il relève leur courage, il leur rend l'espérance en purifiant leur âme par le repentir. Cet acte de charité deviendra une œuvre, et Vincent de Paul commencera la liste de ces généreux aumôniers des bagnes qui voient un frère dans le condamné.

Une circonstance préparée par la divine Providence mit en présence le nouvel aumônier et saint François de Sales, évêque de Genève. Ces deux âmes d'élite se comprirent en se voyant. Le saint prélat avait fondé, avec M⁽ᵐᵉ⁾ de Chantal, le couvent de la Visitation à Annecy. Ce couvent était destiné à recueillir des veuves, des jeunes filles, qu'une piété sincère, élevée, éloignait des plaisirs du monde. A peine M⁽ᵐᵉ⁾ de Chantal et saint François de Sales eurent-ils connu le précepteur des jeunes de Gondi, qu'ils songèrent à fonder à Paris un couvent du même ordre, et à en confier la direction à Vincent de Paul, qui voulut en vain résigner cet honneur. Mais l'ardente charité qui remplissait son âme ne devait pas tarder à se manifester de manière à confondre la raison humaine, en montrant au monde ce que peut inspirer l'amour de Dieu et de ses semblables.

Les honneurs qui venaient à lui n'avaient point distrait l'aumônier des galères de la mission qu'il avait acceptée. Pour la remplir dignement, il pensa qu'il devait visiter les ports de France où l'on avait conduit ces malheureux. Il commence par Marseille, arrive comme un simple étranger, et veut juger par lui-même des souffrances corporelles et morales infligées à ces infortunés. Son cœur est brisé de douleur à la vue de tant de misères ; il consacre toutes ses heures à calmer la sourde irritation des condamnés, à adoucir la rigueur de leurs gardiens. Les forçats regardent avec étonnement cet inconnu qui les encourage dans leurs travaux, qui leur parle avec douceur des devoirs qu'ils ont méconnus, du Dieu qu'ils ont oublié depuis longtemps. Le blasphème expire sur leurs lèvres quand ils voient cet homme vénérable pleurer sur leur propres maux. Mais ce ministère de charité, d'amour, qu'il était venu remplir au bagne de Marseille, devait être couronné par un acte de dévouement sublime. Parmi ces malheureux, Vincent remarque un jeune forçat nouvellement arrivé. La douleur de cet infortuné est navrante.

« Ma femme, mon enfant, s'écrie-t-il, que vont-ils devenir ? La honte et la misère seront désormais leur partage. Maudit soit le jour où je suis né ! J'ai porté malheur à tous ceux que j'aimais. »

Ces regrets désespérés émeuvent jusqu'aux larmes le pieux aumônier ; il s'approche du condamné et essaye de calmer sa douleur : efforts inutiles !

« Je ne les reverrai jamais ! Je mourrai ici sans consolations comme sans espérances ! » C'est la seule réponse que peut obtenir le bon prêtre, chez lequel a déjà germé la plus généreuse des pensées. Pendant tout le jour, on le vit suivre les galériens dans les divers travaux auxquels ils sont assujettis. Le soir, profitant des ténèbres, il s'approche du jeune condamné.

« Vous les verrez, lui dit-il doucement, car un ami veut briser vos chaînes et les porter à votre place. » Le forçat regarde l'inconnu ; il croit à une mystification ou à un rêve. Alors un généreux combat s'élève ; mais le prêtre devient suppliant, il délie lui-même les pieds du condamné en lui parlant des êtres si chers à son cœur, et, sans lui donner le temps de réfléchir davantage, il se dépouille de ses vêtements, qu'il lui cède, et se revêt de l'humiliant costume, de la honteuse livrée du crime châtié. Le condamné résiste cependant encore.

« Allez, dit avec autorité le saint, que le repentir vous purifie et rende à la société un honnête homme ; ce sera pour moi la plus douce des récompenses. »

O dévouement unique, admirable ! l'aumônier répondait le lendemain à l'appel des gardiens, et suivait avec une douce expression de contentement intérieur ses compagnons de chaîne. Mais ce visage porte l'empreinte d'une vertu trop pure pour faire longtemps illusion. Ces malheureux, que le vice a flétris, ne reconnaissent point un des leurs dans cet homme à l'attitude modeste, au visage bienveillant.

« C'est l'étranger qui, hier encore, nous parlait de son Dieu », se disent-ils, et déjà plusieurs des moins endurcis sont tombés à ses genoux et veulent briser ses fers. L'attention des gardiens est éveillée ; l'aumônier des bagnes est reconnu : il avoue son pieux subterfuge et obtient que celui dont il a pris la place ne soit pas poursuivi.

La fondation d'une œuvre nouvelle, la congrégation de la Mission, devient bientôt l'objet de la préoccupation de notre saint. Les prêtres qui la composaient étaient destinés à aller évangéliser ces pauvres habitants des campagnes que l'ignorance livrait à la superstition ou à l'indifférence religieuse. L'archevêque de Paris, frère de M. de Gondi, général des galères, protégea l'œuvre naissante, qui devait se répandre dans tout l'univers et donner au monde catholique ces pieux missionnaires connus sous le nom de lazaristes.

Mais de grandes œuvres restaient à accomplir, et le pieux prêtre et ses disciples seraient restés impuissants à surmonter les difficultés qu'elles présentaient, si notre saint n'eût songé à associer à cette rude tâche la femme catholique ; déjà l'appui de Mme de Gondi avait sur ses pas aplani bien des obstacles : Louise de Marillac, se présenta pour l'aider à en vaincre de plus grands encore. Elle était restée veuve d'Antoine Le Gras, secrétaire des commandements de la reine Marie de Médicis. Jeune encore et appartenant à une illustre famille, elle eût pu contracter d'autres liens ; mais Dieu l'attirait, et, libre de sa grande fortune, elle ne songea qu'à la faire servir au soulagement des pauvres et des malades. Son pieux zèle ne suffisant point à cette tâche, elle chercha dans la classe laborieuse des jeunes filles auxquelles leur manque de fortune fermait la porte des communautés alors existantes. Il se forma donc bientôt autour de l'illustre veuve un groupe de ces âmes aimantes et dévouées ; à ces modestes servantes des pauvres se joignirent quelques jeunes filles nobles, qui ne dédaignaient point de prodiguer aux malades des soins quelquefois répugnants à la nature. Cette touchante association devint le fondement de la congrégation la plus féconde en bonnes œuvres, la plus populaire, la plus respectée et la plus bénie ; je veux parler de la congrégation des Sœurs de charité, connues aussi sous le nom de Sœurs-Grises.

Louise de Marillac fut la première supérieure de la communauté naissante.

Mais à mesure que le pieux ministre du Seigneur et ses généreux disciples apportaient un remède à une plaie morale, ils en découvraient une autre plus honteuse encore. Les malades et les infirmes étaient bien digne d'intérêt ; mais qu'est-ce qui pouvait exciter une pitié plus émue que le sort des enfants nouveau-nés, abandonnés dans les rues de Paris par leurs mères dénaturées ? Nous savons que la religion s'était déjà inquiétée du sort misérable de ces infortunés, et leur avait désigné pour asiles deux maisons situées près du port Saint-Landry. Chaque jour un berceau placé à la porte de la cathédrale recevait quelques-uns de ces enfants pour lesquels on était obligé de solliciter la charité publique. Mais vint un jour où ce refuge ayant été confié à des femmes sordides, et les ressources devenant insuffisantes, ces pauvres petits êtres furent privés des soins les plus nécessaires et devinrent l'objet du trafic le plus honteux. Ah ! combien le charitable prêtre dut souffrir lorsqu'il pénétra pour la première fois dans ces maisons que la cupidité avait transformées en bouges infects ! Une louable indignation remplit son cœur ; il va désormais employer tout son zèle à trouver à ces innocentes créatures non seulement des protectrices, mais des mères. Il expose d'une manière touchante la misère des orphelins ; à son appel répondent Louise de Marillac et plusieurs dames de la cour ; elles vont visiter ce sombre repaire de la souffrance, et ne songent plus qu'à seconder les généreux desseins du pieux ministre des autels. Une maison est louée à la porte Saint-Victor ; Louise de Marillac vient s'y établir avec quelques-unes de ses Sœurs de charité. Les ressources étant très bornées, on ne peut recevoir d'abord que douze de ces orphelins; à mesure qu'elles augmentaient, notre saint amenait avec bonheur quelques hôtes nouveaux. Son ardent amour du prochain triomphant de sa timidité naturelle, il ne craignait pas de s'introduire chez les grands du monde, et de solliciter des souscriptions pour son œuvre naissante. Le journal de la maison hospitalière qui recevait ces petits délaissés a révélé, dans ses notes quotidiennes, la tendre sollicitude de saint Vincent pour ces orphelins. Chaque nuit il parcourait les quartiers de Paris où ils étaient le plus souvent exposés, et le temps le plus rigoureux n'arrêtait point son zèle. Il abritait sous son large manteau ces pauvres abandonnés, et il revenait fier de son fardeau.

Mais Dieu réservait au ministre de sa charité une bien grande douleur; une crise effrayante se fit sentir dans les finances publiques, et toutes les familles riches ou aisées en reçurent le contre-coup. Les femmes pieuses qui avaient jusque-là assuré l'existence des enfants abandonnés comprirent que la gêne qui se faisait sentir à leur propre foyer ne pouvait leur permettre de continuer leur œuvre. L'asile de Saint-Victor était donc dans un péril extrême. Vincent de Paul, consterné, implorait le secours du Ciel, et le Ciel lui envoya la plus heureuse des inspirations. Il convoqua toutes les fondatrices de l'œuvre; lorsqu'il fut en leur présence, il leur représenta les suites de leur renonciation. A mesure qu'il parlait, son émotion augmentait, et elle devint bientôt si grande, que, ne pouvant plus la contenir, il laissa échapper de ses lèvres cette péroraison touchante, dont l'éloquence ne saurait être dépassée; improvisation sublime, que tout le monde connaît, que chacun aime à entendre redire, et qui ne saurait être retranchée de ce récit :

« Or sus, Mesdames, la compassion et la charité vous
« ont fait adopter ces petites créatures pour vos enfants ;
« vous avez été leurs mères en la grâce, depuis que leurs
« mères selon la nature les ont abandonnées ; voyez
« maintenant si vous voulez les abandonner aussi...
« Cessez d'être leurs mères pour devenir leurs juges ;
« leur vie et leur mort sont entre vos mains... Je m'en
« vais prendre les voix et les suffrages, il est temps de
« prononcer leur arrêt. Ils vivront, si vous continuez
« d'en prendre un charitable soin ; et, au contraire, ils
« mourront, ils périront infailliblement, si vous les
« abandonnez. »

A la fin de cet émouvant plaidoyer, toutes les résis-
tances étaient vaincues, et l'auditoire entier s'engageait
de nouveau à s'imposer les plus grands sacrifices pour
protéger l'œuvre naissante. Le bruit de cette réunion et
du généreux élan qui en avait été la conséquence parvint
jusqu'à la cour. On songe alors à la création d'un hospice
destiné à recevoir les orphelins, et la reine pose elle-
même la première pierre à l'édifice. Peu de temps après,
en 1670, le roi accorda à cet établissement nouveau des
revenus suffisants. L'œuvre importante des Enfants-
Trouvés reçoit dès lors sa consécration. Mais son pieux
fondateur rêve déjà une autre conquête à faire au profit
d'une autre classe de malheureux, les vieillards et les
infirmes.

Le roi et la reine n'ont rien à refuser au courageux
apôtre ; l'hospice de la Salpêtrière s'ouvre pour accueillir
cette autre infortune.

Mais l'activité qu'il avait fallu déployer dans ces généreuses entreprises, les préoccupations qu'elles lui avaient
forcément occasionnées, ces causes jointes aux rigueurs
d'une vie pénitente, avaient altéré la santé du courageux

apôtre. Longtemps il cacha ses douleurs à ses pieux disciples, les prêtres de Saint-Lazare ; il craignait qu'on cherchât à modérer son zèle : aussi pansait-il en secret les plaies dont Dieu l'avait affligé. Mais il ne put échapper plus longtemps à la sollicitude de ceux qui l'aimaient. Bientôt on ne conserva plus d'espérance, et ce fut alors une désolation générale ; chacun se sentit frappé dans la personne de cet humble prêtre, et de toutes parts s'éleva un concert de prières et de vœux ardents. Le 26 septembre, il se fit porter, malgré son extrême faiblesse, à la chapelle du couvent, y entendit la messe et y reçut la sainte Communion. Le soir on hésita à le mettre au lit, dans la crainte de réveiller ses souffrances ; il resta donc assis pendant les vingt-quatre dernières heures de son existence. Ce fut le 27 septembre 1660, à quatre heures et demie du matin, qu'il rendit son âme à Dieu. Son visage ayant conservé toute sa sérénité, on crut tout d'abord qu'un sommeil réparateur avait adouci ses souffrances ; un de ses prêtres s'approcha et s'aperçut qu'il ne respirait plus. Le lendemain il fut exposé dans l'église même de Saint-Lazare, où lui furent rendus les honneurs funèbres.

Les œuvres des conquérants passent, le temps les modifie ou les réduit à néant ; celles de saint Vincent de Paul sont restées et se sont agrandies. Les humbles filles de Charité, toujours inspirées de l'esprit de leur fondateur et de leur fondatrice, Louise de Marillac, continuent au milieu du monde leur sublime apostolat ; l'enfance et la vieillesse, le commencement et la fin de la vie, les trouvent également secourables.

Dans chaque ville, un asile tutélaire est offert à l'enfant abandonné.

Les lazaristes, désignés autrefois sous le nom de

prêtres de la Mission, vont encore aujourd'hui évangéliser les peuples étrangers à la foi, et, dans plusieurs de
nos diocèses, ils ont encore la mission délicate de former
pour le sacerdoce les jeunes novices confiés à leurs soins.

En présence de tant de travaux admirables accomplis
par un humble prêtre, l'homme même le plus élevé selon
le monde sent son orgueil s'abaisser, pendant que son
regard s'élève vers le ciel, source pure de tous les grands
courages et de toutes les grandes vertus.

FIN

TABLE

35251. — Tours, impr. Mame.

OUVRAGES

DE LA MÊME COLLECTION

FORMAT GRAND IN-8° — 3e SÉRIE

CHAQUE OUVRAGE EST ORNÉ DE PLUSIEURS GRAVURES

www.ingramcontent.com/pod-product-compliance
Ingram Content Group UK Ltd.
Pitfield, Milton Keynes, MK11 3LW, UK
UKHW021528090726
13657UKWH00001B/480